ARTES, EDUCAÇÃO E MÚSICA

Dados Internacionais de Catalogação na Publicação (CIP)

T136a Mika Takatsu, Mayra.

Arte, educação e música / Mayra Mika Takatsu . – São Paulo, SP : Cengage, 2016.

Inclui bibliografia e glossário.
ISBN 13: 978-85-221-2922-5

1. Arte na educação. 2. Música. 3. Dança. 4. Produção artística. 4. Professores - Ensino. I. Título.

CDU 7.071.5
CDD 700.71

Índice para catálogo sistemático:

1. Arte na educação 7.071.5

(Bibliotecária responsável: Sabrina Leal Araujo – CRB 10/1507)

ARTES, EDUCAÇÃO E MÚSICA

CENGAGE

Austrália • Brasil • México • Cingapura • Reino Unido • Estados Unidos

CENGAGE

Artes, educação e música

Conteudista: Mayra Mika Takatsu

Gerente editorial: Noelma Brocanelli

Editoras de desenvolvimento:
Gisela Carnicelli, Regina Plascak e Salete Guerra

Editora de aquisições: Guacira Simonelli

Coordenadora de conteudistas: Luciana Gomide Mariano Carmo

Produção editorial:
Fernanda Troeira Zuchini

Copidesque: Sirlene M. Sales

Revisão: Simone Sales e Renata Tavares

Diagramação e Capa: Marcelo A.Ventura

Imagens usadas neste livro por ordem de páginas:

antoniodiaz / Shutterstock; Serhiy Kobyakov / Shutterstock; s_oleg / Shutterstock; jazzia / Shutterstock; Vagengeim / Shutterstock; Olga Makhanova / Shutterstock; dotshock / Shutterstock; alphaspirit / Shutterstock; borisovv / Shutterstock; SpeedKingz / Shutterstock; arbit / Shutterstock; Jaimie Duplass / Shutterstock; JoHo / Shutterstock; Vitalinka / Shutterstock; vesnushka / Shutterstock; SpeedKingz / Shutterstock; Milars / Shutterstock; gualtiero boffi / Shutterstock; In Green / Shutterstock; Louisanne / Shutterstock; Tyler Olson / Shutterstock; maxriesgo / Shutterstock; Lisa S. / Shutterstock; Yarygin / Shutterstock; Kuttelvaserova Stuchelova / Shutterstock; Olga Lyubkina / Shutterstock; Sergey Novikov / Shutterstock; Poznyakov / Shutterstock; dotshock / Shutterstock; Poznyakov / Shutterstock; Lorelyn Medina / Shutterstock; Tyler Olson / Shutterstock; Danilo Sanino / Shutterstock; Kzenon / Shutterstock;

ISBN 13: 978-85-221-2922-5
ISBN 10: 85-221-2922-3

Cengage Learning Edições Ltda.
Condomínio E-Business Park
Rua Werner Siemens, 111 - Prédio 11
Torre A - Conjunto 12
Lapa de Baixo - CEP 05069-900 - São Paulo - SP
Tel.: (11) 3665-9900 Fax: 3665-9901
SAC: 0800 11 19 39

Para suas soluções de curso e aprendizado, visite
www.cengage.com.br

Impresso no Brasil
Printed in Brazil

Apresentação

Com o objetivo de atender às expectativas dos estudantes e leitores que veem o estudo como fonte inesgotável de conhecimento, esta **Série Educação** traz um conteúdo didático eficaz e de qualidade, dentro de uma roupagem criativa e arrojada, direcionado aos anseios de quem busca informação e conhecimento com o dinamismo dos dias atuais.

Em cada título da série, é possível encontrar a abordagem de temas de forma abrangente, associada a uma leitura agradável e organizada, visando facilitar o aprendizado e a memorização de cada assunto. A linguagem dialógica aproxima o estudante dos temas explorados, promovendo a interação com os assuntos tratados.

As obras são estruturadas em quatro unidades, divididas em capítulos, e neles o leitor terá acesso a recursos de aprendizagem como os tópicos *Atenção*, que o alertará sobre a importância do assunto abordado, e o *Para saber mais*, com dicas interessantíssimas de leitura complementar e curiosidades incríveis, que aprofundarão os temas abordados, além de recursos ilustrativos, que permitirão a associação de cada ponto a ser estudado.

Esperamos que você encontre nesta série a materialização de um desejo: o alcance do conhecimento de maneira objetiva, agradável, didática e eficaz.

Boa leitura!

Prefácio

Quem nunca teve o prazer de conhecer um professor que lhe tenha ensinado algum conceito por meio da música? Ou que lhe tenha apresentado alguma obra de arte para contar determinado fato da história? Quem sabe, que tenha ensaiado alguma coreografia para comemorar um feriado do ano com um contexto folclórico? A sonoridade e o canto também estavam presentes nas escolas quando, para iniciar o período, todos os alunos cantavam o Hino Nacional. Tempos bons.

Se pararmos para pensar, qual o reflexo daquelas atividades na nossa vida? A resposta é: diversos. Diversos foram e são os reflexos, e todos eles, muito positivos.

Quem diria que o canto, por exemplo, auxilia na respiração e na circulação sanguínea? Ou que a dança permite o desenvolvimento corporal, viabilizando o seu relaxamento e melhorando sua postura?

Por meio da arte, como a pintura, é possível conhecer o ser humano, seus anseios e dificuldades, ocasião em que o professor ou familiar poderá mediar eventual conflito. Pela música é possível desenvolver talentos de incrível inteligência para a composição de melodias.

De modo geral, a arte propicia um crescimento produtivo do indivíduo sob todos os prismas. E é isso que as unidades da disciplina Arte, Educação e Música vai procurar tratar.

Na Unidade 1, temas como a importância e as fases do desenho, os tipos relacionados ao esquematismo, ao realismo e ao naturalismo serão tratados.

A Unidade 2 abordará a musicalidade, passando pela história do ensino da música, a linguagem musical e a expressão artística da criança por meio da linguagem musical, do canto, da dança e das músicas folclóricas.

Já a Unidade 3 vai explorar os elementos que formam a música, o corpo e o movimento, a arte visual e a arte popular, além das exposições de concursos da arte infantil, entre outros temas.

A Unidade 4, por fim, vai tratar da formação do educando em música, canto e dança, passando por conceitos próprios desses assuntos. O final da unidade traz um tópico sobre as formas alternativas de trabalho com a criança.

Desejamos a todos bons estudos!

UNIDADE 1

FASES DE DESENVOLVIMENTO DO DESENHO

1. A importância do desenho

O desenho é muito explorado pela maioria das crianças, seja na escola, em casa, ou em um restaurante. Isso demonstra a importância que tal ação tem em sua vida. Além de serem necessários poucos instrumentos para realizar o desenho, ele também desperta bastante interesse na maior parte das crianças. E isso será apresentado mais claramente durante esta unidade.

As funções que o desenho tem na vida das crianças são inúmeras. É por meio do desenho que se podem elaborar questões que, até mesmo pela tenra idade, não podem ser verbalizadas ou entendidas em um patamar **racional**. A criança que tem algum conflito interno e não consegue expô-lo **verbalmente** pode, por meio do desenho, externar esse sentimento.

No desenho da criança, é **notável** a riqueza de detalhes e clareza com que os problemas são expostos. Com um olhar cuidadoso, é possível entender muito do universo da criança por meio do desenho.

Por isso, muitos famosos autores e pensadores passaram grande parte de sua vida dedicando-se à análise de desenhos, como Piaget (1948), Luquet (1969) e Lowenfeld (1977). Trataremos mais especificamente dos estudos de Piaget para explicar as fases de desenvolvimento do desenho.

PARA SABER MAIS! O artigo "O desenho e o desenvolvimento das crianças" apresenta uma ideia introdutória sobre a importância do desenho para o desenvolvimento infantil, além de discutir a influência da cultura na produção de desenhos das crianças. Disponível em: <http://revistaescola.abril.com.br/formacao/rabiscos-ideias-desenho-infantil-garatujas-evolucao-cognicao-expressao-realidade-518754.shtml>. Acesso em: 16 ago. 2015.

2. Fases do desenho segundo Piaget

Piaget **discorreu** sobre a representação, destacando a **função semiótica** ou simbólica como responsável por gerá-la. Tal função consiste em reconstruir um significado ou signo para o mundo que rodeia a criança, mostrando o seu universo. A princípio, os desenhos são considerados rabiscos que não estão relacionados com um objeto nem têm uma representação concreta. Portanto, pode-se dizer que esses desenhos ainda não estão relacionados com a função semiótica.

Por volta do primeiro e do segundo ano de vida, pode-se perceber o aparecimento da função semiótica na representação artística das crianças. Após essa fase, há uma tentativa de imitação de um objeto real, mas é importante ressaltar que, nesse momento, o desenho reflete a representação pessoal de cada criança, sendo recomendável evitar críticas com relação à **fidedignidade** com a realidade. O desenho que a criança faz representa sua visão do objeto. Portanto, não há certo ou errado, somente formas pessoais de ver o mundo ao seu redor. Por ter essa característica, o desenho pode ser uma forma rica de descobrir como a criança vê o mundo. Nessa fase da vida, a habilidade de verbalização não está ainda desenvolvida o suficiente para a criança explicar como se sente, o que faz da representação gráfica uma importante aliada de psicólogos e educadores.

O desenho inicialmente aparece como uma forma de brincar com **espontaneidade**, que pode ser um registro ou uma forma de expressão.

ATENÇÃO! É recomendável evitar a crítica com relação ao desenho das crianças, pois esse não deve representar o real em um primeiro momento, mas sim uma representação pessoal, sendo um ótimo material para análise do universo infantil, assim como os artistas podem representar um pensamento, objeto ou sentimento de tal forma que não haja a necessidade de representação do real. Como exemplo, podemos citar o famoso pintor Pablo Picasso.

Piaget apresentou e classificou as fases do desenho, caracterizando cada uma delas. É necessário notar a qual época do desenvolvimento infantil cada fase está relacionada e como isso aparece no desenho.

As fases são:

a) garatuja (desordenada e ordenada);

b) pré-esquematismo;

c) esquematismo;

d) realismo; e

e) pseudo-naturalismo.

Garatuja

Entre as fases de desenvolvimento de Jean Piaget, a que corresponde a essa forma de desenho é a sensório-motora, que se inicia entre zero e 2 anos, e vai até o início da fase pré-operacional, que ocorre dos 2 aos 7 anos.

A garatuja está muito relacionada com o prazer de desenhar e, nessa fase, as crianças exploram bastante a textura de materiais, manipulando diferentes tipos de papéis, lápis, canetas, entre outros. Ainda não é possível identificar o desenho da figura humana, mas sim rabiscos. Piaget subdividiu essa fase em duas outras:

1. Garatuja desordenada: é a primeira fase, em que o processo parece ser mais importante do que a produção. O exercício motor tem um papel importante nessa fase e isso aparece no desenho. Como o resultado não parece ser importante, o desenho pode ser coberto com outros traços. Ainda não há por parte da criança um controle motor.

2. Garatuja ordenada: durante a segunda fase da garatuja é possível perceber **traços longitudinais** e circulares, e a preservação dos traços já parece importar. Inicia-se um esboço de relação entre o objeto e sua representação. Mas essa representação aparece de forma instável. Ao iniciar um desenho, a criança pode falar que é uma bola e, ao terminar, pode mudar para um carro.

Pré-esquematismo

Essa fase do desenvolvimento do desenho corresponde ao final da fase pré-operatória, podendo estender-se até os 7 anos, idade em que as crianças começam a fazer relações entre desenho, pensamento e realidade. Ainda não se pode estabelecer uma relação entre os elementos do desenho, e que normalmente apresentam-se **dispersos** pela folha, sem haver ligação concreta entre eles.

Quando as ligações começam a aparecer, normalmente estão relacionadas com o emocional e ainda não apresentam forte conexão com a realidade. Surgem os primeiros esboços da figura humana ainda à procura de um conceito que acompanhe o emocional. Pode-se observar o surgimento do homem-girino, que se caracteriza pela figura humana em que os braços e as pernas saem do próprio rosto da pessoa; o corpo ainda é inexistente.

Esquematismo

Por volta dos 7 anos se inicia o esquematismo, que faz parte das operações concretas. Nessa fase aparecem os esquemas representativos e certa afirmação de si mesmo por meio do desenho, a partir de uma repetição flexível do esquema. É possível perceber uma primeira noção de espaço definido em um conceito, surgindo a linha de base.

A figura humana também aparece mais relacionada com a realidade, mas ainda apresentando exageros, omissão, negligência etc. Algumas vezes, quando há uma repetição no exagero ou na omissão de uma parte do corpo, pode-se compreender que há algo emocional nesse desvio. Uma possível interpretação da omissão de braços na figura humana, por exemplo, é que pode estar relacionada com a dificuldade de ação ou de realizar atividades.

Na fase do esquematismo também se pode perceber uma descoberta com relação às cores, ligada com o objeto real, apresentando-se uma tentativa de mostrar fidedignidade com a realidade. E, assim como a figura humana, a cor pode expressar o emocional da criança.

PARA SABER MAIS! O artigo indicado a seguir trata da relação das cores com a emoção e as sensações. O autor discorre sobre as possíveis interpretações, além de explicar a psicologia da cor e suas influências e de explicitar possíveis sensações e emoções ligadas a cada cor. Vale a leitura! Disponível em: <http://revistaplaneta.terra.com.br/secao/ciencia/a-logica-da-cor>. Acesso em: 16 ago. 2015.

Realismo

O realismo se inicia no final da fase das operações concretas. Pode-se observar que existe uma autocrítica das crianças com relação à qualidade do desenho. Uma grande descoberta, nessa fase, está relacionada ao plano e à superposição, já não sendo mais encontrada a linha de base.

Na figura humana aparece a diferenciação mais acentuada de gênero, por meio de detalhes como roupas e acessórios. Também se pode observar uma emergência das formas geométricas, o que mostra uma maior rigidez por parte da criança e uma grande vontade de que o desenho se aproxime da realidade. O esquema de cor não mais aparece pronunciado e o enfoque emocional tem maior destaque.

Pseudo-naturalismo

Nesse estágio, a criança já se encontra na fase das operações abstratas, mais comumente a partir dos 10 anos. Com relação ao espaço destinado para o desenho, já apresenta a profundidade e o surgimento do espaço para expressões subjetivas que podem estar carregadas de experiências emocionais.

O desenho não mais pertence à categoria de atividade espontânea, passando para uma fase de descoberta da personalidade da criança. A figura humana já aparece com as características sexuais bem pronunciadas e com a presença de articulações e de proporções entre os membros do corpo.

ATENÇÃO! É importante ressaltar que esses estágios não são estáticos e podem se diferenciar em grande proporção devido à individualidade de cada criança. Como exemplo de fatores que podem influenciar nessa diferenciação, destacam-se: deficiências físicas e/ou mentais, e fatores externos, como família, situação social e/ou econômica. As crianças comumente pulam de um estágio para o outro de desenvolvimento.

Além de Piaget, outros autores estudaram as relações entre o desenho e as etapas do desenvolvimento, como Luquet e Lowenfeld. Porém, salvo algumas diferenças de nomeação das fases e algumas de suas características, fica evidente que os autores não se distanciam significativamente um do outro.

Todos os autores descritos acima concordam que não há rigidez nas etapas do desenho. Eles também dividem as fases entre idades semelhantes, o que demonstra a grande clareza do estudo do tema em evidenciar que essas são as etapas do desenho inerentes à individualidade da criança. Até mesmo em diferentes culturas, as fases do desenho aparecem de forma muito semelhante, mais uma vez demonstrando a consistência das teorias.

Para Luquet, as fases são desenvolvidas da seguinte maneira:

a) realismo fortuito (2 anos);

b) realismo falhado (3 a 4 anos);

c) realismo intelectual (4 a 12 anos); e

d) realismo visual (12 anos).

3. Práticas na educação

Na educação formal, principalmente em pré-escolas, os desenhos normalmente são bastante explorados, seja como atividade dirigida ou como atividade de transição para os alunos que precisam se ocupar. Os desenhos fazem parte, usualmente, de atividades diárias, e pode-se perceber por todos esses aspectos uma valorização de trabalhos artísticos, incluindo o desenho livre.

Contudo, essa grande valorização de atividades artísticas observada a pré-escola não é encontrada no Ensino Fundamental, nem mesmo nas fases iniciais. Comumente, o desenho ou pintura será, necessariamente, uma atividade dirigida no momento específico da aula de artes, que não costuma ocorrer mais do que uma vez por semana. Raramente o desenho ou a pintura constará no planejamento do professor da sala, sendo quase nulo o aparecimento do desenho livre.

Muitos estudos apontam para a importância do desenho no desenvolvimento infantil e até mesmo na alfabetização. A arte tem grande papel na construção de conhecimento da criança, envolvendo a inteligência, a atenção, o pensamento e todos os aspectos cognitivos.

Ao analisar os estágios do desenho e sua função, fica clara a necessidade desse espaço no dia a dia dos alunos e também do entendimento do professor com relação ao respeito que se deve dar à fase em que a criança está inserida, evitando-se acelerar uma evolução do desenho.

Portanto, o professor deve deixar a criança usar sua criatividade, interferirindo o mínimo possível na execução do desenho, tanto do lado positivo quanto do negativo, pois, ao elogiar o desenho de uma criança porque ele "se parece" com o que se pretendia desenhar, há uma intervenção no sentido de desenhar conforme a realidade, determina-se que o desenho precisa "se parecer" com algo. E quem está julgando se o desenho se parece com o que se pretende desenhar ou não é o professor, e não a própria criança. Esse movimento pode inibir a criança, apesar de aparecer na forma de elogio.

Ao se considerar todas essas afirmações, fica claro que desenhar é extremamente importante para o desenvolvimento infantil e que possibilita à criança expor artisticamente a sua realidade e sua experiências, representando formas e espaços por meio do desenho.

Portanto, o professor deve conhecer as fases do desenho infantil para que possa incluí-lo em seu planejamento, abrindo espaço para esse importante

desenvolvimento artístico. Uma possibilidade de trabalho é o professor expor para as crianças as diferentes formas de arte e permitir que elas apresentem, por meio de seus desenhos e expressões artísticas, uma leitura de seus trabalhos.

Pode-se concluir que o desenho infantil é um rico universo, que pode ser explorado de diversas formas, cabendo ao professor pensar em alternativas de inserir esse tipo de atividade, que trará desenvolvimento inesperado de diversas áreas na vida de seus alunos.

Vale ressaltar que o ritmo de cada criança deve ser respeitado e que é necessário haver momentos em que a criança tenha a oportunidade de realmente se expressar por meio do desenho livre, sem interferências ou intervenções do professor, e que tenha acesso a diferentes tipos de matérias e situações.

ATENÇÃO! O professor deve ser cauteloso ao elogiar ou criticar uma criança com relação ao desenho. Perguntas como: "O que acha sobre o seu desenho?" ou "Você ficou feliz com o resultado?" podem mostrar que a crítica com relação ao desenho deve vir da própria criança e não do professor. Um bom incentivo seria "Você deve se orgulhar do que fez". Lembrando que o professor deve se atentar às particularidades de cada aluno para saber como melhor comentar um desenho.

4. Escrita como sistema de representação

A sociedade em que vivemos está cercada de estímulos visuais, sejam eles propagandas, letreiros, placas de rua etc. Eles não estão somente na rua, mas também em casa, como na televisão, em revistas e em jornais. Muitos deles têm símbolos que representam uma fala, que são as palavras. Desde o momento em que o bebê começa a enxergar com maior profundidade, ele já está exposto ao mundo da escrita.

Com os passar dos anos, a criança começa a perceber esses símbolos "diferentes" como representantes de algo que a exclui, pois reconhece que a maior parte dos adultos e uma grande parte das crianças mais velhas conseguem decodificar esses símbolos, que são as letras.

A criança observa seu pai lendo um jornal, uma revista, prestando atenção nas placas de rua, conseguindo informações de uma forma que ela não consegue. Ela olha para o livro, cuja história o pai está contando para ela e provavelmente tenta imaginar de onde ele está tirando a narrativa. Deve questionar se é das figuras. Após um tempo, ela começará a identificar que essas palavras têm relação com os "desenhos diferentes", que são as letras.

A escrita tem uma função muito importante na sociedade como forma de linguagem, pois, com o seu frequente uso, passou a ser considerada um instrumento social. Com ela é possível registrar ideias, pensamentos e sentimentos, além de muitos outros tipos de informações.

A escolarização inicial, mais especificamente o ensino da língua escrita, não é somente um ensino de regras, mas também uma inclusão social, uma vez que a pessoa que lê e escreve está inserida na sociedade. Ao desenvolver essa habilidade, um universo de informações passa a estar a seu alcance. E é obrigação da escola incluir socialmente todas as crianças, de diferentes classes sociais, a fim de que todas tenham acesso a uma variedade de informações.

PARA SABER MAIS! O artigo "Desenho é fundamental na alfabetização da criança" cita uma pesquisa em que a autora relaciona a alfabetização e o desenvolvimento do desenho da criança. No artigo também é citada brevemente a contribuição de alguns estudiosos que se debruçaram em estudos para o entendimento do desenho e da alfabetização. O texto está disponível em: < http://portal.aprendiz.uol.com.br/content/wriclujocu.mmp>. Acesso em: 17 ago. 2015.

A escrita é um sistema de representação que parte de um signo para representar um som. Em vez de se relacionar a um objeto, ela é representativa de um som. Alguns desenhos ou símbolos podem representar algo, mas somente as palavras estão relacionadas ao som de letras. Partindo desse pressuposto, já é possível perceber a estrita relação que o desenho e toda atividade gráfica têm com a alfabetização.

Antes do processo de alfabetização, a criança normalmente se refere à escrita como um desenho. Ela pode falar frases do tipo: "Olha, eu desenhei o A". Isso evidencia ainda mais que, para a criança que está tendo o primeiro contato com a língua escrita, as letras realmente aparecem como desenhos. A partir do contato com as letras, as formas gráficas vão adquirir maior proximidade com as letras convencionais, diferenciando-se dos números e de outras formas de desenho.

Quando a criança entra na escola, antes mesmo de iniciar o processo de alfabetização formal já está inserida no mundo letrado. Ela já teve bastante contato com as letras, apesar de não conseguir ainda decodificá-las.

Ao iniciar o processo de alfabetização, ela não está somente aprendendo uma matéria com um conteúdo, como é feito em ciências e geografia. O letramento, como foi sinalizado anteriormente, é uma forma de inserção social. Ao ser capaz de ler e escrever, a criança está apta a se comunicar de outra forma com as pessoas, além de registrar seus pensamentos.

ATENÇÃO! O aprender a ler e a escrever tem extrema importância em nossa sociedade, pois, ao adquirir essas habilidades, a pessoa será capaz de utilizar-se de mais uma forma de comunicação, tornando-se assim mais apta para viver em sociedade.

5. Importância do desenho infantil na alfabetização

Podemos caracterizar o desenho como a primeira escrita na vida de uma criança, pois suas experiências gráficas representam também uma linguagem. O desenho suscita a imaginação e é uma importante forma de se expressar.

A partir do desenho e de suas fases de representação gráfica, como foi apresentado anteriormente, a criança passa por um momento inicial de desenho espontâneo mais associado ao desenvolvimento motor, e já nas fases mais avançadas pode-se perceber uma necessidade de associar o desenho à realidade. Nessas últimas fases, a criança está relacionando o desenho com as regras praticadas na sociedade.

O desenho também é uma maneira de se comunicar e representar seus sentimentos, mas ainda de forma pessoal e individual. Ou seja, apesar de se assemelhar com a representação gráfica da escrita, que também é uma forma de comunicação e registro de pensamentos, o desenho não pode ser decodificado de modo preciso por outra pessoa senão a própria criança.

Assim sendo, o desenho e a escrita têm características que se sobrepõem, como a representação de sentimentos e o fato de ambos serem formas de comunicação, mas existe uma grande diferença com relação à individualidade e à generalidade dos processos, respectivamente, garantindo o caráter inclusivo perante a sociedade promovido pela alfabetização.

Uma importante característica dos desenhos é pertinente à autoestima da criança. É possível estabelecer uma relação entre a autoconfiança e a facilidade em se envolver no processo gráfico. A criança que não se sente segura o suficiente hesitará em se expressar por meio do desenho.

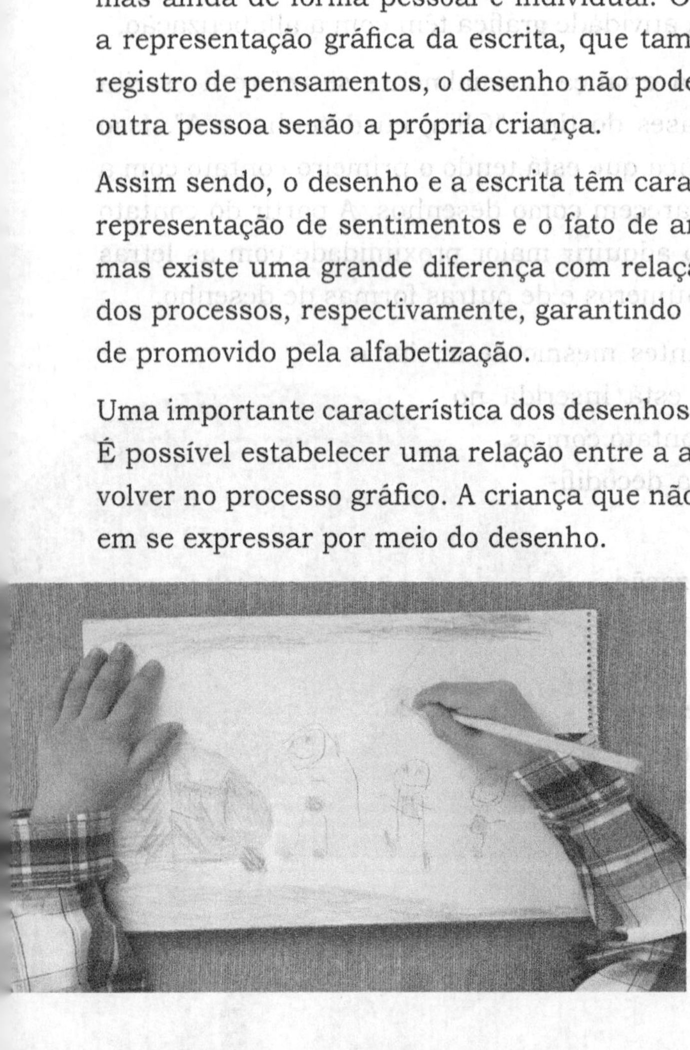

Outra habilidade que pode ser observada no desenho é o aspecto cognitivo. As crianças também precisam conseguir focar a atenção por um tempo relativamente longo para serem capazes de se dedicar à atividade gráfica. Dessa forma, podemos perceber o caráter cognitivo e o afetivo ligados à produção do desenho infantil.

O desenho é uma fase importante anterior à escrita, principalmente devido ao caráter comunicativo que tal atividade representa. Ao se apropriar dessa forma de linguagem, a criança avança um passo a mais para entender o conceito de comunicação existente na alfabetização.

Outras formas igualmente importantes e anteriores à alfabetização são: a dança, a música, o brincar espontâneo, o jogo, entre outras. Todas essas atividades apresentam um caráter representativo e comunicativo. Ao deparar e ter grande contato com essas atividades, a criança avança no processo de letramento.

A criança que inicia formalmente o processo de alfabetização tende a diminuir a sua produção gráfica, e isso pode estar associado ao fato de que, ao começar a ler a escrever, ela necessariamente será apresentada a uma série de regras e formalidades. Esse aspecto pode inibir a expressão espontânea da criança por meio do desenho. Ela pode "preferir" se dedicar a essa nova etapa, socialmente mais valorizada do que o desenho.

Portanto, uma constatação que pode ser de grande contribuição para os professores é o fato de que o desenho está estritamente relacionado com as fases de desenvolvimento da criança; ele não somente representa objetos, mas é uma expressão da essência da criança.

É por meio do desenho que a criança conseguirá elaborar suas dúvidas, anseios e preocupações, além de se expressar quando se sente alegre e confiante com alguma conquista.

São essas experiências que farão da alfabetização um processo mais significativo e provido de representações. A produção gráfica por meio do desenho é o primeiro passo para que a criança vivencie a alfabetização.

Após atribuir essa gama de significados ao desenho como representação gráfica infantil, resta uma pertinente dúvida: por que razão essa atividade é tão desvalorizada a ponto de ser praticamente extinguida ainda nos primeiros anos do Ensino Fundamental?

É sobre essa questão que se espera que o educador se debruce ao planejar suas atividades semanais. Após essa reflexão, o professor pode decidir por incluir em suas aulas e na vida das crianças a necessidade e a valorização da produção gráfica.

PARA SABER MAIS! O artigo "A importância do desenho para o desenvolvimento do seu filho", disponível em: <http://revistacrescer.globo.com/Criancas/Desenvolvimento/noticia/2014/10/importancia-do-desenho-para-o-desenvolvimento-do-seu-filho.html> (acesso em: 17 ago. 2015), traz um resumo de muitas informações apresentadas nesta unidade. Além disso, há no texto algumas dicas importantes para incentivar as crianças a desenhar. O artigo é dirigido aos pais, porém traz também considerações que podem ser benéficas para a escola.

6. O desenho e a educação formal

No decorrer da primeira unidade da disciplina Artes, educação e música foi possível estabelecer muitas conexões entre o desenho e a educação formal. O fato de tantos estudiosos, como Piaget e Luquet, entre outros, dedicarem tanto tempo para estudar tal fenômeno evidencia a importância que deve ser dada à representação gráfica.

As fases do desenho infantil de Piaget demonstram claramente como o desenvolvimento da criança pode ser percebido por meio da análise dos desenhos criados por ela. A representação gráfica na infância é um grande aliado na arte de decifrar o que se passa no universo da criança, além de possibilitar uma análise com relação à fase de desenvolvimento em que ela se encontra.

Nesta unidade foi enfatizada a estrita relação que há entre o desenho e o processo de alfabetização. Fez-se assim um convite para a valorização dessa habilidade, não somente na Educação Infantil, mas também nas fases mais avançadas do Ensino Fundamental.

O desenho deve ser inserido e valorizado na vida das crianças para que elas possam elaborar conteúdos significativos de forma considerada saudável. Ao criar esse espaço na rotina escolar, auxilia-se até mesmo o processo de alfabetização, que é essencial para o desenvolvimento do aluno na vida escolar.

Glossário – Unidade 1

Discorrer – falar ou escrever acerca de algo, sobre algo.

Disperso – separado, afastado.

Espontaneidade – relativo ao que é espontâneo. Algo que o indivíduo faz colocando conteúdos próprios, sem usar cópia ou reprodução.

Fidedignidade – qualidade do que é fidedigno, fiel a algo.

Função semiótica – relativa aos símbolos.

Garatuja – rabisco infantil.

Notável – que se percebe com facilidade.

Racional – predominantemente referente à razão.

Traçados longitudinais – traçados que dizem respeito ao comprimento.

Verbalmente – com o uso da fala.

UNIDADE 2
MUSICALIDADE

1. Introdução

O ensino de música é muito importante para o desenvolvimento integral dos alunos. Eles aprendem a se comunicar por meio da arte musical, que toca profundamente tanto o artista, que está interpretando a música, quanto a plateia, que está envolvida no processo.

Comumente, as crianças apresentam grande **motivação** quando o assunto é cantar ou dançar, e mostram realmente aprender conteúdos pedagógicos elaborados com o uso da música. Portanto, além de ser, por si só, um ensino que leva muitos alunos a entrar em contato com o lado não verbal e sensitivo, também pode auxiliar na aprendizagem de matérias como ciências e matemática.

A motivação, que é uma importante função psicológica superior no processo de ensino-aprendizagem, auxilia grandemente na aquisição de novos conceitos. Ela engloba muitas funções cognitivas, como a atenção e a percepção, e a música auxilia envolvendo o aluno, sendo um grande motivacional para a aprendizagem da matéria, independentemente da sua complexidade.

PARA SABER MAIS! O artigo "Escolas públicas que são um espetáculo" trata de exemplos de instituições que reduziram o número de repetência a evasão escolar e conseguiram, de seus alunos, melhora significativa nas notas de português e matemática. Um caso é a escola Hirayuki Enomoto, na cidade de Pereira Barreto, no estado de São Paulo, que trabalha o ensino de música e instrumentos clássicos como parte da formação dos alunos. O artigo está disponível em: <http://epoca.globo.com/vida/noticia/2015/05/escolas-publicas-que-sao-um-espetaculo.html>. Acesso em: 17 ago. 2015.

2. História do ensino de música

O ensino de música no Brasil é considerado importante desde o século XVI, com a chegada dos jesuítas, ainda no período colonial. Para esse grupo religioso, havia uma valorização no evangelismo indígena e, para atingir o objetivo de moldar o indivíduo, o projeto pedagógico vigente na época trazia o ensino de música como disciplina obrigatória.

Já com a chegada da família real no Brasil, no ano de 1808, há um grande incentivo no desenvolvimento da cultura musical brasileira. D. João VI criou a Capela Real e trouxe músicos **advindos** da Europa que influenciaram enormemente as bases da educação musical brasileira.

Com o início da República, no século XX, houve uma diversificação na arte musical, evidenciada em clubes e sociedades. Nesses locais, concertos eram criados e interpretações de músicas europeias eram valorizadas. Foi plantada a semente, que **germinaria**, do desenvolvimento de diretrizes para a regularização do ensino de música no contexto brasileiro.

Atualmente, a Lei n. 11.769/08 garante a obrigatoriedade do ensino de música na educação básica, como conteúdo curricular obrigatório. Além dessa lei, ainda estão em vigor os Parâmetros Curriculares Nacionais (PCN), que trazem o ensino da música como importante aliado na educação brasileira. Entre os objetivos citados, o ensino de música garante um espaço para que alunos possam experimentar a comunicação por meio da canção, além de oferecer grande exposição a contextos culturais e históricos.

3. Linguagem musical e expressão artística da criança por meio de linguagem musical

A linguagem musical refere-se à comunicação possível por meio da música. E a expressão artística por meio dela traz, realmente, todos os **benefícios** da arte já demonstrados na unidade anterior. Para desenvolver o tema com mais profundidade, focaremos mais especificamente em duas importantes formas de linguagem musical: canto e dança.

Canto

Um famoso antigo ditado diz "Quem canta, seus males espanta". Isso mostra como as músicas e, mais especificamente, o cantar, traz benefícios para as pessoas. Pesquisas recentes explicam o sentido desse ditado, pois foi descoberto que o cantar realmente faz bem à saúde. Certos autores até identificam a possibilidade de médicos **receitarem** o canto para alguns pacientes.

PARA SABER MAIS! O artigo "Cantar faz bem à saúde" apresenta pesquisas ligadas aos benefícios que o ato de cantar pode trazer à saúde. Muitos dos estudos foram realizados fora do país e tratam da parte fisiológica ligada ao cantar. Após ler esse artigo, muitos serão convidados a praticar mais essa atividade fácil, divertida e de baixo custo.

Um dos benefícios que o cantar pode trazer à saúde está relacionado ao desenvolvimento das crianças, pois a possibilidade de levantar a voz, ser ouvido, aceito e, muitas vezes, positivamente reconhecido, tem significante importância para o ser humano.

Outro benefício do cantar que pode ser **mensurado** é com relação à positiva mudança fisiológica que essa atividade traz aos movimentos respiratórios. Ao cantar, a respiração mais profunda, que é a abdominal, é ativada, o que tem efeitos sobre o intestino e o coração.

Por ativar a respiração mais profunda, também há uma entrada maior de ar nos alvéolos pulmonares. Esse ar adicional melhora a circulação sanguínea, levando a uma melhora significativa no desempenho das funções cognitivas, como a concentração e a memória.

Principalmente nos dias atuais, em que um grande estresse é vivenciado por considerável parte da população, cantar é excelente atividade, por atuar sobre o relaxamento do corpo, diminuindo a **incidência** de transtornos do sono e doenças circulatórias. Os praticantes do canto apresentam harmonia psíquica e uma melhora no sistema imunológico.

Diversos autores das pesquisas criticam pais e educadores por inibir o canto das crianças e indicam que somente o fazem pois desconhecem os benefícios à saúde psíquica e emocional que o canto pode trazer.

O cantar ou **cantarolar** tem a capacidade de mudar o estado de humor de alguém, principalmente quando a música o envolve ao ponto de deixar-se levar pela melodia e entregar-se ao prazer de cantar.

PARA SABER MAIS! Há uma excelente produção cinematográfica sobre o ensino de música. A produção Escola de Rock *(School Of Rock – EUA, 2003) conta com a participação Jack Black, que interpreta Dewey Finn, um músico que acaba de ser demitido de sua banda. Cheio de dívidas e sem ter o que fazer, ele aceita dar aulas como professor substituto em uma escola particular de disciplina rígida. Depois de testemunhar o talento musical de seus alunos, Dewey forma uma banda com alguns dos estudantes da 5ª série do Ensino Fundamental para vencer a próxima Batalha das Bandas e pagar o seu aluguel. O enredo é propício para perceber que a música também pode permitir que sejam descobertos talentos.*

O conteúdo das músicas também pode levar o indivíduo a refletir sobre sua vida e solucionar problemas. Muitas músicas falam sobre como a vida é difícil quando se está triste pelo abandono da pessoa amada, por exemplo. Alguém que está passando pela mesma situação pode se sentir acolhido ao ver que outras pessoas passam por essa experiência e como é possível solucionar tal problema.

Podemos perceber que há até negócios que se dedicam a essa atividade, como os *karaokês*, nos quais as pessoas vão somente para cantar. Também são vendidos aparelhos de *karaokê*, **aparato** para cantar que o indivíduo pode ter em casa.

Dança

A dança é uma arte que desenvolve o ser humano em inúmeros aspectos. As crianças, principalmente as pequenas, usualmente gostam bastante de dançar. Elas movimentam seu corpo espontaneamente, ainda sem uma coordenação motora desenvolvida, mas com o intuito de diversão.

Nos adultos, essa espontaneidade acontece raramente. A dança aparece mais como uma atividade física estruturada, em que se presta bastante atenção para não “fazer feio”, seja em momentos sociais informais, como festas, ou em apresentações formais de dança, como o *ballet*. O fator diversão pode estar ou não presente em tais atividades.

A introdução de aulas estruturadas de dança pode se dar desde os primeiros anos da Educação Infantil, e os benefícios que o ato de dançar nos traz indicam que essa prática deve ser bastante estimulada.

Uma característica da dança que podemos facilmente notar está relacionada à prática de movimentos. A própria repetição dos passos da dança faz com que os movimentos sejam mais refinados.

A postura do corpo também é algo importante para as danças formais e pode ser desenvolvida com instrução especializada. É comum encontrar bailarinas que, ao se sentar em uma cadeira, o fazem com uma excelente postura, mostrando a **automaticidade** adquirida ao praticar a dança com instrução formal, garantindo uma melhora na saúde física.

A coordenação motora também é bastante desenvolvida, desde a correta pressão nos pés que os movimentos diferenciados da dança traz até o alongamento de músculos, que trarão maior possibilidade de movimentos para os praticantes da dança, enriquecendo seu repertório pessoal de locomoção. A noção de ritmo em conjunto com os movimentos corporais é um desafio que, claramente, traz um grande desenvolvimento para essa área.

PARA SABER MAIS! A reportagem intitulada "9 motivos para seu filho aprender a dançar" traz grande detalhamento de todos os benefícios que a dança proporciona para o desenvolvimento holístico das crianças, ou seja, em todos os aspectos: físicos, emocionais e psíquicos. A reportagem está disponível em: <http://educarparacrescer.abril.com.br/aprendizagem/9-motivos-seu-filho-aprender-dancar-635350.shtml>. Acesso em: 17 ago. 2015.

4. Atividades rítmicas, banda rítmica, música e locomoção

O desenvolvimento da musicalidade, o trabalho com o ritmo e a coordenação motora são algumas das capacidades que ajudarão os alunos na realização de tarefas mais complexas quando adultos.

Outra grande razão para utilizar-se de tais atividades é que as crianças se envolvem de forma expressiva. É uma forma que elas encontram de continuar explorando seu corpo e suas capacidades. Para as crianças, é tudo muito novo e desafiador, portanto elas se envolvem facilmente em atividades com essas características.

Além disso, apresentar uma música a um grupo com a tentativa de harmonização em seu contexto traz sociabilização, uma vez que haverá um interesse comum a todos os integrantes da sala.

Ao ensinar uma cantiga de roda, podemos levar os alunos a refletir sobre ela, sobre as diferenças entre o tempo em que foram criadas e o tempo atual. Eles terão a oportunidade de resgatar jogos e brincadeiras muito divertidos, ricos em cultura e lazer.

O mesmo pode ser realizado ao se preparar para alguma celebração. O ideal seria não somente festejar quando há uma festa folclórica, mas trazer a história da celebração e de todo o movimento que deu origem a ela. Dessa forma, os alunos se envolvem mais e a festa tem muito mais significado para a turma.

Como exemplo, é possível citar a preparação para uma festa junina, onde os alunos podem trabalhar os símbolos da festa, conhecer as comidas típicas, entender os significados das músicas. Ao chamar o aluno para uma reflexão relacionada ao conjunto simbólico de tal festa, enriquecemos a celebração e o aprendizado da cultura brasileira.

Isso é feito de uma forma bastante significativa, já que os alunos estarão envolvidos com o momento. É possível trabalhar a origem das comidas típicas, e refletir sobre o porquê de eles escolherem tal comida. Seria um projeto multidisciplinar, que abrangeria todas as matérias curriculares, ressaltando que também incutiria nos alunos a riqueza da cultura brasileira.

PARA SABER MAIS! No endereço: <http://www.infoescola.com/folclore/cantigas-de-roda> (acesso em: 17 ago. 2015) é possível encontrar diversos exemplos de cantigas de roda que trarão alegria e descontração para a aula. Algumas podem ser acompanhadas de um jogo e trazer para a recreação a riqueza da cultura brasileira.

6. Considerações finais

O trabalho com a linguagem musical é bastante extenso e definitivamente gratificante. Ao entrar em contato com essa esfera artística, recheada de conteúdo interno, professor e aluno vivem momentos que ficam na memória. Esses momentos em que a arte pode ser vivenciada tanto pelo professor quanto pelo aluno criam laços afetivos difíceis de serem explicados verbalmente e que serão recordados por um longo tempo.

O professor que consegue unir o conteúdo pedagógico à arte, seja uma arte palpável, seja a musical, sem dúvida fará o seu trabalho de forma prazerosa e efetiva, pois os alunos e o professor se divertirão e poderão ter momentos memoráveis, o que, aliado ao conteúdo pedagógico, trará uma internalização de aprendizagem que pode ser guardada por anos, às vezes até pela vida inteira.

Muitos de nós podemos recordar músicas ou rimas usadas para a memorização da tabela periódica de elementos químicos, ou de qualquer outro conteúdo pedagógico, apesar de não ouvir com nenhuma frequência tais músicas. Após anos, ou até mesmo décadas, o cérebro consegue trazer à tona esse aprendizado, demonstrando como ele ficou "preso" na memória.

Com base nessas considerações, espera-se que o professor seja encorajado a utilizar diversas formas para ensinar o conteúdo pedagógico necessário, trazendo não somente uma aprendizagem mais significativa, mas também criando um vínculo com seus alunos.

Não restam dúvidas de que tal planejamento de atividades artísticas, equiparado com o ensino dado, implicará um esforço extra do professor. Essa forma de lidar com o aprendizado requer uma energia a mais e também recursos físicos, como sala apropriada, instrumentos e/ou materiais específicos. Mas, sem dúvida, a facilidade no aprendizado que os alunos terão valerá a pena. E, usando a criatividade, a falta de recursos não será impedimento para esse trabalho.

Vale ressaltar que não é necessário realizar todas as aulas dessa forma; pode ser apenas em uma matéria específica, que seja de maior complexidade e/ou de difícil compreensão.

A arte deveria fazer parte não somente da vida dos alunos e dos professores, mas de todas as pessoas, pois os benefícios que ela traz são inquestionáveis e intransponíveis para outro tipo de atividade.

E, como foi abordado anteriormente, a sociedade atual, carregada de estresse e exaustão, precisa urgentemente de mais envolvimento com a arte, seja a dança, a música, a pintura, a escultura, entre outras possibilidades. Ao usar a criatividade, podemos nos recriar como indivíduos melhores que terão mais condições físicas e psíquicas, oferecendo uma maior contribuição para a sociedade como um todo.

Glossário – Unidade 2

Advindo – que veio de algum lugar.

Aparato – aparelho, maquinário, instrumento.

Automaticidade – qualidade do que é feito de forma automática.

Benefício – algo bom para o indivíduo, que tem um lado positivo.

Cantarolar – cantar sem ter a necessidade de estabelecer conexões entre palavras.

Germinar – brotar.

Incidência – ocorrência.

Mensurado – medido, dosado, equilibrado.

Motivação – o que move a pessoa em alguma direção. Em educação a motivação tem relação com o que leva o aluno a se mover para aprender algo.

Receitar – em medicina, quando o médico receita algo, ele passa uma recomendação para o tratamento.

UNIDADE 3

PRODUÇÕES ARTÍSTICAS

1. Elementos que formam a música

O ensino da música deve ir além de ensinar somente canções que possam interessar aos alunos ou serem adaptadas ao conteúdo pedagógico previsto pelo professor. Mais do que isso, é importante **familiarizar** as crianças com os elementos musicais.

Entre os conceitos fundamentais da música, podemos destacar três:

a) melodia;
b) harmonia; e
c) ritmo.

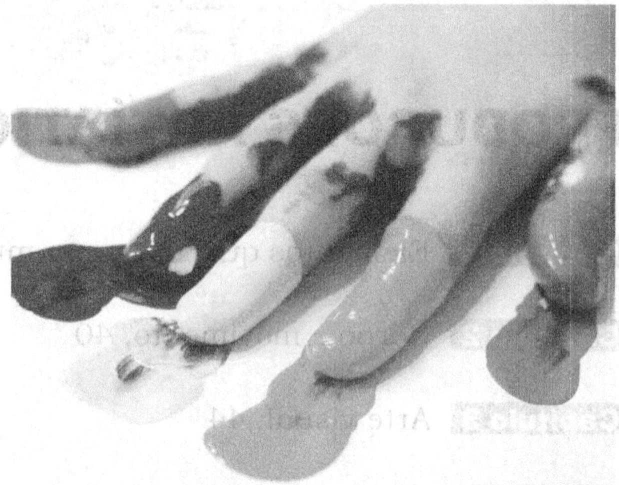

A melodia é a parte da música em que a pessoa encontra os sons musicais com as suas diversas combinações. A melodia é o elemento mais frequentemente ensinado e também com o qual as crianças mais se familiarizam.

O significado da música e seu conteúdo estão relacionados com esse elemento. O trabalho com a melodia se dá somente ensinando música. Para uma primeira apresentação da melodia, é interessante explicar o significado dela. É possível, e bastante adequado, o uso de material concreto para a explicação do significado da música.

O segundo elemento é a harmonia, que apresenta maior **complexidade** e será introduzido, bem superficialmente, nas aulas curriculares de música. Um trabalho breve com a harmonia pode ser feito, mas a instrução formal aprofundada deve ser deixada para outro momento.

Existem escolas que oferecem cursos extracurriculares de música, em que são oferecidas aulas de violão, flauta, violino, entre outros. Nesse caso, a harmonia deve ser trabalhada com a aprendizagem de acordes.

O terceiro e último elemento é o ritmo. Ele diz respeito aos sons e às pausas em uma música, e envolve as acentuações e durações da canção. Esse elemento pode ser explorado desde a idade mais **tenra**. O uso do tambor pode auxiliar nessa aprendizagem. Com crianças mais velhas, pode-se utilizar outro tipo de instrumento também, como o triângulo, o chocalho, entre outros.

Outra expressão artística que se relaciona a tal habilidade é a **confecção** de instrumentos musicais. Com pouco material é possível criar instrumentos como chocalhos, tambores e maracas.

Com a criatividade pode-se ir além, fabricando instrumentos a partir de materiais de sucata. A **reutilização** também trará a questão de que devemos cuidar do nosso planeta e proteger o meio ambiente por meio do reaproveitamento.

PARA SABER MAIS! No endereço <http://mulher.uol.com.br/gravidez-e-filhos/album/2014/01/24/faca-com-seu-filho-um-instrumento-musical-de-sucata.htm> (acesso em: 17 ago. 2015) é possível assistir a um vídeo que ensina a confeccionar um instrumento a partir de materiais de sucata. Isso pode servir de inspiração, mostrando a praticidade e a necessidade de poucos recursos para criar algo que será de grande utilização por parte dos alunos.

Além dos elementos apresentados, podem-se trabalhar algumas propriedades físicas do som nas aulas de música. Existem três propriedades físicas dos sons, que são:

a) altura;

b) intensidade; e

c) timbre.

A altura corresponde ao som ser grave, médio ou agudo. O som grave pode ser representado pelos tenores, e em um piano é produzido pelas teclas mais próximas do lado esquerdo.

O som médio corresponde ao som das teclas que se encontram mais ao centro de um piano, e o som agudo pode ser produzido pelas teclas localizadas à direita do piano. Um trabalho em aulas de música que envolva essas competências pode ser alguma brincadeira com sons ou até vozes de bebê e de um homem adulto: o bebê representando o som agudo e o homem adulto representando o som grave.

A intensidade consiste na força do som, ou seja, ela pode ser fraca ou forte e isso dependerá da força com que um instrumento é tocado. Portanto, quando se toca um instrumento imprimindo-lhe bastante força, a intensidade será forte. Por outro lado, ao se tocar uma flauta suavemente, a intensidade será fraca. Em uma mesma música, a intensidade poderá variar, trazendo um conteúdo emocional ao ouvir tais sons. A intensidade pode ser bem percebida em músicas clássicas, as quais apresentam diferenças no seu decorrer.

Faz-se bastante necessária a apresentação de músicas clássicas para as crianças no mundo atual. Tal prática é bastante **infrequente** na sociedade e perde-se o lado profundo dessa arte musical quando não se expõem as crianças a essas músicas. Esse estilo musical apresenta grande elaboração de todos os elementos e propriedades do som aqui especificado, e a habilidade de apreciar as músicas clássicas com toda a complexidade presente nelas é perdida se elas não foram expostas às crianças.

Estudos apontam que esse estilo musical deve ser apresentado para bebês mesmo quando ainda se encontram no útero materno, porém há **controvérsias** com relação à qualidade do som assimilado pelo bebê quando ainda está no ventre de sua mãe. Há estudos que indicam que o som não pode ser ouvido com clareza devido ao líquido amniótico que envolve o bebê.

A última propriedade a ser explorada é o timbre. Essa propriedade do som nos faz estudar sua origem. Um jogo de adivinhação pode ser proposto para trabalhar o timbre. Um exemplo de jogo a ser apresentado é a adivinhação do instrumento com base no som. Pode-se levar para a sala de aula uma gravação com o som de alguns instrumentos, que os alunos devem identificar para vencer o jogo.

2. Corpo e movimento

O corpo e o movimento estão relacionados a todo momento. Iremos discorrer sobre eles separadamente para conseguirmos analisar cada um mais profundamente.

Esquema corporal

O esquema corporal tem início antes de o indivíduo nascer, ou seja, enquanto ainda está no útero de sua mãe e é um feto. Nesse momento, somente as sensações digestivas e as funções excretoras estarão formando o esquema corporal.

Com o nascimento e o posterior desenvolvimento da criança até o estágio adulto da vida, o indivíduo passará por uma conscientização dos movimentos e das partes do corpo.

Quando um bebê nasce, ele sequer tem controle do pescoço, o que o torna suscetível a diversos acidentes, fato que leva muitas mães a serem superprotetoras nesse momento, até impedindo que pessoas toquem em seus bebês. Salvo situações extremas, esse cuidado da mãe com o bebê é bastante evolutivo.

Após esse primeiro momento, o bebê passará, cada vez mais, a exercer controle sobre seu corpo. Isso é facilmente observável quando os bebês começam a descoberta das mãos e dos pés. Eles mexem a mão e ficam olhando que “esse movimento faz com que esse objeto (mão) se mova”. Tudo isso feito com um olhar fascinante para tal descoberta, o que é facilmente percebido e aplaudido por seus pais.

Esse senso de exploração é realmente algo adaptativo, que faz com que os bebês possam se desenvolver. É a partir da prática incessante que nós conseguimos andar e fazer todos os movimentos necessários para a nossa sobrevivência.

Todas as pessoas podem se beneficiar de uma percepção corporal. Se o aprendizado dessa habilidade acontecer desde a mais tenra idade, é ainda melhor. O corpo nos mostra claramente se algo não vai bem. Porém, a maior parte das pessoas não sabe analisar esses sinais.

Quando os primeiros sinais não são percebidos, o corpo passa a emitir sinais mais fortes, culminando em uma doença grave. Para exemplificar, normalmente, quando estamos sobrecarregados por algum motivo, seja excesso de esforço físico, muito trabalho ou algum estresse, o nosso corpo demonstra cansaço. Ao deparar com essa sensação, as pessoas deveriam pensar se estão indo além do próprio limite ou se seria benéfico um descanso. Mas, muitas vezes, até por necessidades financeiras, não podemos deixar de ir trabalhar e somente dormir. No entanto, refletir com responsabilidade e compromisso sobre essa mensagem do corpo se faz muito importante.

A maior parte dos adultos simplesmente toma um café e continua com a mesma rotina, e às vezes até agrega mais atividades, tornando o seu dia ainda mais cansativo, o que pode levar à síndrome de *burnout*, em que as pessoas estão fatigadas e incapazes de continuar levando a vida que as fez adoecer.

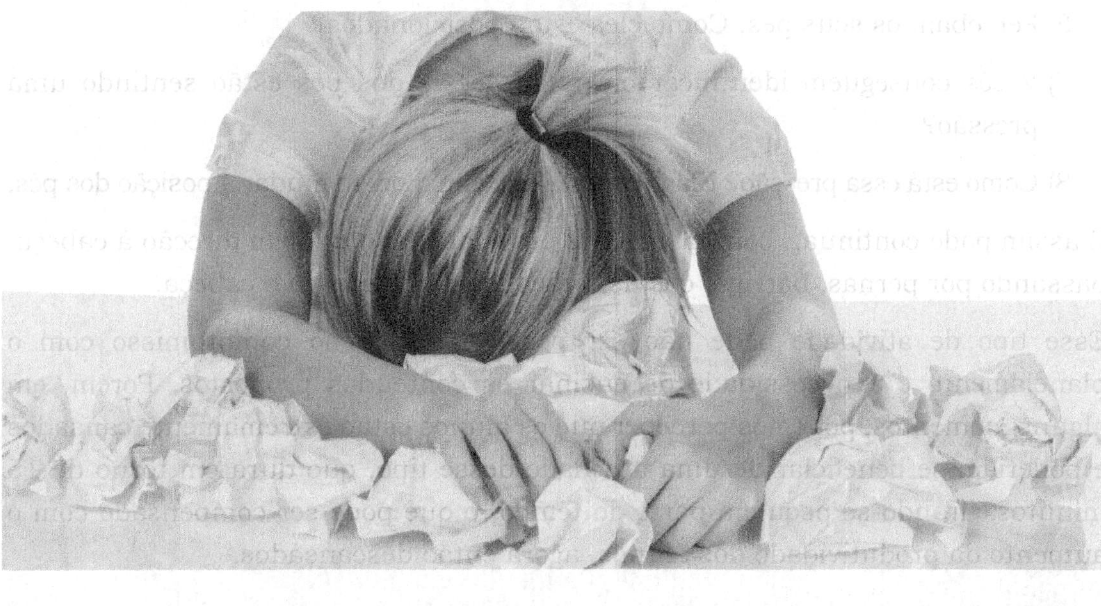

Outro exemplo é com relação ao sentar-se na cadeira: quando o indivíduo se senta na cadeira de forma inadequada, o corpo dará sinais como dores nas costas. Mas, em vez de refletir sobre o porquê de sentir essas dores, as pessoas normalmente tomam algum remédio e continuam sentando na mesma posição, e as dores permanecem.

Se, em vez de tomar remédio, a pessoa simplesmente se sentasse de forma correta, esse problema poderia ser resolvido. Dito de outra forma, se a pessoa pudesse ouvir o seu corpo e reagir sobre ele, muitos problemas seriam solucionados rapidamente e sem custo.

Tanto para os adultos quanto para as crianças é extremamente importante exercer a habilidade de perceber os sinais do corpo e responder prontamente a tal sinalização.

Um exemplo de atividade que pode ser feita em sala de aula para minimizar o cansaço e também estimular a percepção corporal é o relaxamento que será apresentado a seguir.

Relaxamento ligado à percepção corporal

Após uma breve explicação sobre a atividade, o professor dará as seguintes instruções, fazendo pausas de mais ou menos 1 minuto para os alunos refletirem:

1) Fechem os olhos e percebam seu corpo.
2) Como vocês estão sentados?
3) Vocês sentem dor em algum lugar?
4) Como é a dor? E qual é a sua intensidade?
5) Iniciaremos o trabalho de percepção corporal nos pés.
6) Percebam os seus pés. Como eles estão posicionados?
7) Vocês conseguem identificar em quais locais dos pés estão sentindo uma pressão?
8) Como está essa pressão? Ela incomoda? Se sim, podem mudar a posição dos pés.

E assim pode continuar, com instruções parecidas, subindo em direção à cabeça, passando por pernas, barriga, costas, braços, mãos, pescoço e cabeça.

Esse tipo de atividade pode não ser possível devido ao compromisso com o planejamento e a necessidade de ensinar os conteúdos propostos. Porém, em alguns momentos, podemos perceber que os alunos estão extremamente cansados e poderiam se beneficiar de uma atividade desse tipo, que dura em torno de 15 minutos, tirando-se pequena parte do tempo, o que pode ser compensado com o aumento da produtividade dos alunos, agora então descansados.

Movimento

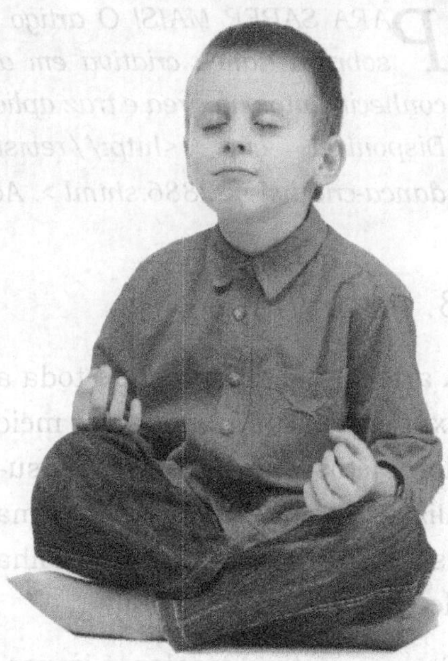

O movimento é algo praticado por todas as pessoas, exceto as gravemente comprometidas fisicamente. Ele pode ter diferentes intensidades e propósitos. Podemos nos movimentar para executar alguma atividade diária ou para nos exercitar.

Na primeira forma de movimento, que seria a de executar uma atividade, como lavar a louça, utiliza-se o corpo para fazer algo com foco na atividade que está sendo realizada.

Na segunda forma de movimento, estamos agindo tendo como objetivo final o desenvolvimento do próprio corpo, para melhorar o desempenho dele ou para evitar possíveis complicações na saúde.

Independentemente do objetivo para fazer uso dos movimentos, devemos saber a importância de todos eles. Até porque os músculos precisam ser exercitados para não perderem sua função e atrofiar. O movimento traz muitos benefícios: além de permitir executar atividades diárias ou simplesmente se exercitar, ele tem o poder de relaxar o corpo e a mente. Ao alongar o corpo, podemos sentir uma sensação de relaxamento, trazendo um bem-estar não somente físico como também emocional.

É possível trabalhar os movimentos em sala de aula? Qual seria a melhor forma de fazê-lo? Comumente, os professores apresentam os movimentos em forma de dança e relacionados com alguma data comemorativa. É normal existir uma coreografia pré-estabelecida que é ensinada às crianças.

Essa forma de trabalho pode ser precedida de uma atividade de conscientização corporal, em que as crianças consigam refletir sobre os movimentos que executam. Um exemplo seria pedir a elas que descrevam o movimento de andar: Como se dá a pressão nos pés em cada parte do passo? Vocês conseguem sentir o músculo se alongando? Quais músculos são utilizados? Esses questionamentos farão com que o aluno pense sobre os movimentos e se aproprie dos elementos do seu corpo.

Após esse trabalho, pode-se apresentar uma dança espontânea para as crianças. Com uma música, convide-as a dançar da forma que quiserem, somente deixando seu corpo se expressar, para então introduzir um trabalho com coreografias. Vale ressaltar que a dança espontânea deve acontecer em diversos momentos para que as crianças aprendam a se expressar com movimentos.

PARA SABER MAIS! O artigo "Dança criativa" é muito interessante para refletir sobre a dança criativa em alunos da Educação Infantil. O texto aprofunda os conhecimentos na área e traz aplicações práticas que auxiliam a vivência do professor. Disponível em: <http://revistaescola.abril.com.br/educacao-infantil/4-a-6-anos/danca-criativa-422886.shtml >. Acesso em: 18 ago. 2015.

3. Arte visual

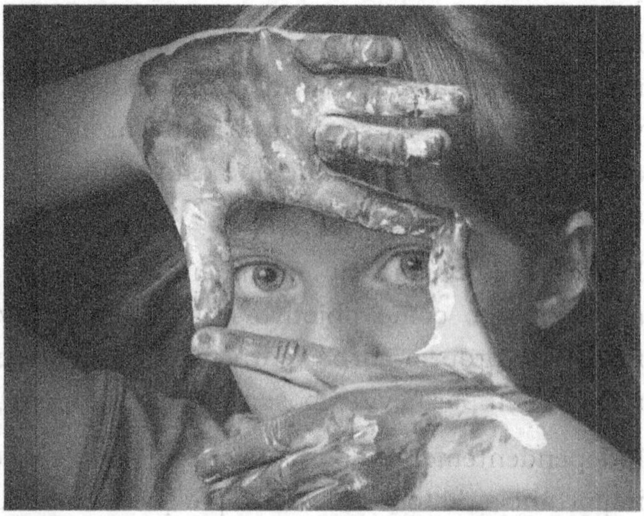

A arte visual compreende toda a expressão artística feita por meio de objetos que podem ser visualizados, seja um quadro, uma escultura ou uma simples folha de papel.

Em uma rotina escolar, é importante dar grande atenção para a arte visual, pois ela contribui para o desenvolvimento cognitivo e emocional da criança.

Ressaltamos que o trabalho com artes deve ser mais frequente na Educação Infantil, mas não exclusivo dessa fase. O Ensino Fundamental deve incluir o trabalho com artes em sua rotina, não somente na aula de artes, que usualmente se dá uma vez por semana, mas sempre que possível, unindo o conteúdo programático com expressões artísticas.

4. Desenvolvimento infantil por meio da arte e literatura

Uma forma de trabalhar a arte visual é relacioná-la com outras expressões artísticas, como a literatura. As histórias são importantes para instigar o imaginário da criança, seja contos de fada, seja histórias de heróis.

As histórias também têm o poder de penetrar no universo infantil, fazendo as crianças fantasiarem com algo além da sua realidade e assim elaborarem conteúdos internos. Como exemplo, quando alguma angústia a aflige e ela não apresenta recursos para lidar com tais sentimentos e sensações, pode recorrer às histórias que apresentam o imaginário bastante fértil que podem conter elementos que condizem com tais sentimentos.

Ao ler a história, são evocados sentimentos parecidos com os da vida real. Assim, é uma forma de elaborar e fantasiar sobre possíveis saídas para seus conflitos internos. Como exemplo, quando a criança apresenta considerável medo do lobo mau, ela pode estar com conflitos internos que não estão diretamente relacionados ao lobo mau, mas talvez a algum medo real de rejeição, ou de separação da mãe. Ao deparar com o vilão da história, ela pode depositar esse medo de algo real no personagem maldoso. E, ao ver o lobo mau ser queimado na água fervente da casa dos três porquinhos, a criança sente que venceu não somente o lobo mau, mas o medo que fora depositado no personagem. Isso trará uma sensação boa de prevalecer sobre o medo.

Além disso, as histórias despertam a atenção e desenvolvem a imaginação das crianças, colaborando com a formação do caráter, quando se coloca em pauta qual é a melhor solução para tal problema. Como exemplo, a história da Chapeuzinho Vermelho, em que a mãe avisou a filha para não caminhar pela floresta e ela insistiu em fazê-lo.

No decorrer da história, fica claro que não foi uma boa ideia não dar ouvidos à instrução da mãe, portanto na formação da criança essas histórias trazem ensinamentos sobre como se portar.

Quando a arte entra em contato com as histórias, há um encontro significativo do lúdico com o real. As histórias são construídas no mundo da fantasia e dos sonhos. A arte deixa a história mais rea e torna-se uma possibilidade de expressar-se no concreto.

A criança pode inventar o seu lobo mau e até matá-lo simbolicamente ao desenhar ou produzir por meio da arte algum material relacionado ao assunto. Isso traz mais concretude à história e, além disso, uma elaboração mais real dos conflitos internos.

Para que a história seja significativa, é importante que o professor se atente à escolha literária, considerando a faixa etária de cada criança. A história também deve ser estimulante para o mundo do faz de conta.

Além de escolher a história mais adequada, é possível tornar a contação de história diversificada. Como exemplo, é bastante interessante introduzir elementos artísticos, como a confecção dos personagens, a manipulação dos papéis, e o uso de massinha ou tinta para dramatizar a história. Tudo isso será agregado ao imaginário da criança e sem dúvidas despertará seu interesse.

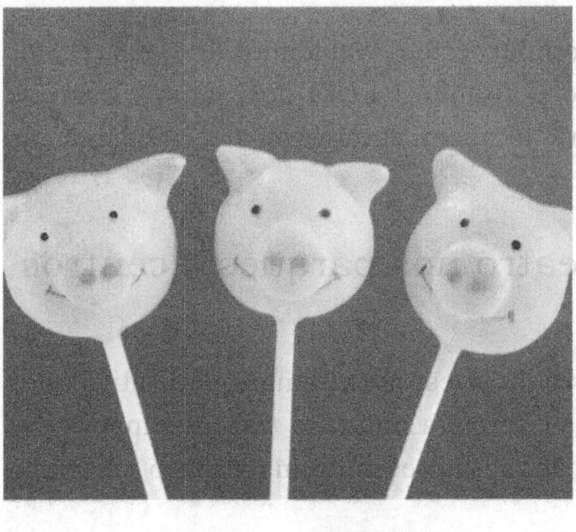

Outro fator que pode influenciar o interesse pela literatura é a idade em que é incentivado o hábito de ler. Até mesmo bebês podem ser expostos a atividades de contação de história. Ao ouvi-la com suas diferentes entonações e formas de expressar os sentimentos, já indagam e ficam atentos na mais tenra idade.

A literatura infantil perpassa um caminho de encontros e descobertas consigo mesmo e com o outro. O indivíduo pode tanto se identificar completamente com as histórias como ter dificuldade em compreender por que um personagem age de determinada maneira.

5. Arte popular

A palavra "arte" tem origem no latim *ars* e significa o que deriva da criação dos homens e o que deriva da sua visão sensível do mundo, utilizando-se de recursos que podem ser sonoros, como as músicas, linguísticos, baseando-se em poesias com as rimas e seus significados profundos, e plásticos, com a arte que se utiliza da visão e se compõe de quadros, esculturas e todas as demais artes denominadas artes plásticas.

Ao lançar um olhar mais atento à palavra "popular", ela imediatamente remete ao povo, seja relacionada, ou pertencente ao mesmo. A palavra "popular" pode estar ligada à criação das pessoas ou ao consumo das mesmas.

A junção das palavras "arte" e "popular" resulta na "arte popular", que pode ser atribuída aos artistas que não necessariamente tiveram formação especializada, mas que se utilizam de dons artísticos inerentes ao seu ser, além de uma sensibilidade aguçada, capaz de transpor para um material concreto um sentimento, uma sensação ou até mesmo uma história.

Ao se referir à arte popular brasileira, é comum encontrar trabalhos com um colorido brilhante e perspectiva raramente exata. A ingenuidade também normalmente acompanha esse estilo artístico, e, apesar de não ser necessária uma formação especializada do artista, muitos a possuem. Alguns artistas extremamente sofisticados buscam uma expressão ingênua para retratar suas obras, principalmente a partir do século XX.

Entre os artistas consagrados da arte popular, estão: Waldomiro de Deus, Heitor dos Prazeres, J. Borges, Antônio Poteiro e Vitalino Pereira dos Santos, além de muitos outros. A arte popular brasileira também abrange a arte indígena, as danças típicas e as festas juninas.

6. A música, a criança e o teatro nos parques e centros de recreação

Os parques e os centros de recreação são lugares que chamam para atividades artísticas: os parques, por serem abertos e terem a natureza trazendo inspiração para a criatividade; os centros de recreação, por apresentarem o espaço e o tempo adequado para atividades artísticas.

A palavra "teatro" tem suas origens na língua grega e designa "ver e/ou enxergar". Podemos elencar diversas justificativas para tal atividade. Uma delas é com relação ao se ver no mundo, perceber o outro, a sua relação com o outro e se perceber. O teatro viabiliza ao ser "entrar em contato consigo mesmo" e, a partir disso, se relacionar com o outro.

No teatro as pessoas têm a possibilidade de representar papéis e experienciar como é estar no lugar do outro. Pode-se dizer que os atores conseguem praticar o exercício da empatia, que é colocar-se no lugar do outro. Ao representar um papel, o ator precisa, necessariamente, tentar entender como é passar pela situação do personagem, como ele agiria se tivesse tal história de vida.

Essa habilidade da empatia permite um encontro valioso, um encontro em que há possibilidade de diálogo em que ambos se entendam. Há um espaço para o fazer-se entender, pois, ao se colocar no lugar do outro e tentar entender seu ponto de vista, há uma aproximidade que aumenta as chances de compreensão do lado do outro. Quando uma pessoa se sente acolhida e compreendida, ela naturalmente tende a ser reciprocamente empática com seu interlocutor, levando a um encontro real.

Dessa forma, o teatro deve ser estimulado para as crianças, e os parques e centros de recreação são locais propícios para tal atividade, pois têm o espaço físico e temporal necessário para que as pessoas possam se entregar à atividade inteiramente, o que é extremamente importante para a dramaturgia.

Vale mencionar o cuidado necessário para que as crianças não se sintam intimidadas, por serem os parques locais públicos. É interessante trabalhar esse aspecto antes de se dirigirem ao parque para que as crianças já cheguem mais dispostas à exposição.

Atividades de música e de dança também podem ser realizadas em parques e centros de recreação. No parque podem-se utilizar instrumentos de percussão, entre outros, pois, por ser um lugar aberto, o som alto não incomodará tanto quanto se fosse feito em uma sala fechada. Por essa característica, as crianças podem ter momentos divertidos nos quais extravasem suas emoções.

O centro de recreação, por sua vez, apresenta um espaço fechado que não permite o barulho excessivo, mas tem o espaço temporal como grande vantagem. Normalmente, a frequência das crianças nos centros de recreação é grande. Portanto, elas têm bastante tempo para aproveitar esses locais. Como o próprio nome sugere, os centros de recreação não têm objetivos pedagógicos, fazendo desse espaço um local adequado para o trabalho das habilidades musicais.

7. Exposições de concursos de arte infantil

O concurso de arte infantil pode ser feito de diversas formas e em diversos locais. Pode-se realizar um concurso na escola, entre os alunos, e também entre instituições ligadas à arte ou que tenham interesse em desenvolver tal área.

As exposições de concursos de arte infantil costumam trazer uma sensação de reconhecimento para a criança, pois a sua arte pode ser apreciada por pessoas que ela nem conhece. Isso é um grande benefício desse tipo de atividade. Ao ver como sua produção artística pode afetar uma pessoa, a criança se sentirá valorizada de forma bastante concreta.

Além disso, as exposições fazem com que as crianças valorizem e se dediquem à prática da arte, o que é muito benéfico, pois entrarão mais em contato com esse tipo de produção.

Alguns cuidados devem ser tomados para que não haja malefícios nessa prática. Um deles é com relação ao critério de avaliação da arte. É importante que esse critério não seja a fidedignidade com relação à realidade, ou seja, que o desenho se pareça com o objeto real.

É recomendável evitar esse tipo de julgamento com relação ao desenho, especialmente para as crianças pequenas, pois o desenho representa a noção do objeto pessoal da criança. Para as crianças mais velhas esse também não é o critério mais adequado para avaliar uma produção artística, já que a arte não se resume em representar o real e sim em trazer à tona a sensibilidade do artista para que produza um objeto ligado à arte.

Desde os primeiros dias de aula a música pode ser uma grande aliada do professor. Todas as crianças, principalmente as mais novas, irão facilmente manter a atenção em qualquer atividade que envolva música, de forma bastante prazerosa.

É possível passar a manhã inteira cantando e dançando com as crianças pequenas. Com as músicas, elas aprenderão conceitos de natureza, de expressão corporal e até conceitos matemáticos.

Ensinar usando a música, além de muito atraente para os alunos, permite internalizar conteúdos com grande rapidez, transformando esse momento em uma forma lúdica de ensinar conceitos, tais como os nomes das formas, dos animais e das partes do corpo.

Outro benefício da música pode ser observado no processo de adaptação, por ser um momento muito prazeroso, no qual a criança poderá se expressar e se divertir imensamente. Em outro contexto, caso as crianças se distraiam, assim que o professor começar a cantar uma música, os alunos prestarão atenção nele.

PARA SABER MAIS! A página Portal do Professor, do MEC, traz exemplos de atividades musicais que podem auxiliar no delicado momento da adaptação das crianças na escola. Assim como foi mencionado anteriormente, a música pode auxiliar imensamente nessa fase, trazendo um ambiente descontraído e divertido para as crianças. As atividades estão disponíveis em: <http://portaldoprofessor.mec.gov.br/fichaTecnicaAula.html?aula=19232>. Acesso em: 17 ago. 2015.

É fácil perceber a relação que as músicas e as atividades rítmicas têm com o esquema corporal. Ao se movimentarem seguindo o ritmo de alguma música, as crianças experimentarão as diferentes formas de se mover determinadas partes do corpo.

A variedade de movimentos que as crianças fazem com o corpo ao dançar, sem dúvida, garante uma exploração do esquema corporal que elas dificilmente teriam nas atividades cotidianas, além de criar vínculos entre as pessoas que estão envolvidas na dança ou na música.

A coordenação motora é uma das habilidades grandemente exploradas pela dança e pela música, e o esquema corporal tem uma grande ligação com a coordenação motora, pois, ao se ter controle sobre o próprio corpo, a percepção do mesmo também é afetada.

Quando ouvimos uma música e tentamos reproduzi-la, estamos utilizando pouca criatividade, mas quando na atividade foi utilizada também a dança, a espontaneidade e a exploração da criatividade estarão presentes.

Essas habilidades também são exploradas de uma forma bem lúdica quando as crianças, até mesmo sem o estímulo dos professores, começam a criar melodias novas a partir de uma música ensinada. Esse tipo de atividade é bem comum entre as crianças e, mesmo sem que ninguém as ensine, elas serão capazes de produzir material criativo. Além disso, é bastante divertido, porque as crianças tendem a colocar expressões e palavras engraçadas ao se mudar a música.

Essa exploração da criatividade atua ativamente na autoestima, quando a criança percebe que algo criado por ela divertiu os colegas ou o professor. Nesse momento, ela normalmente se sente orgulhosas, aumentando significativamente o seu amor próprio.

As atividades rítmicas estão relacionadas com a musicalização e podem estar vinculadas com o primeiro contato que o aluno terá com essa habilidade de grande importância.

O uso do corpo para se expressar de forma ritmada pode adicionar mais divertimento à atividade. Um possível trabalho a ser feito em uma musicalização inicial é a exploração da música com movimentos corporais. Isso pode auxiliar o professor a trabalhar a questão do ritmo acompanhado da coordenação motora.

Nos anos iniciais da Educação Infantil, é comum ser trabalhada a questão do ritmo combinada com expressões corporais. Como exemplo, ao cantar uma música, o professor pode fazer o gesto que acompanha dada canção.

Uma música frequentemente explorada para tal objetivo é "Cabeça, ombro, joelho e pé". A letra dessa música traz os nomes das partes do corpo e as crianças devem cantar sinalizando a parte do corpo citada durante a música:

"Cabeça, ombro, joelho e pé, joelho e pé
Cabeça, ombro, joelho e pé, joelho e pé
Olhos, ouvidos, boca e nariz
Cabeça, ombro, joelho e pé, joelho e pé"

Enquanto as crianças falam cada parte do corpo, encostam suas mãos na parte do corpo citada. Por exemplo, ao dizer "cabeça", a criança colocará ambas as mãos na cabeça; depois, ao falar "ombro", colocará as mãos nos ombros, e assim por diante.

Nesse caso especifico, pode-se notar que uma variedade de habilidades estão sendo trabalhadas. Uma seria a noção de ritmo. Ao introduzir a música para as crianças, muitas provavelmente farão a expressão corporal alguns segundos após a professora. Com o tempo é possível perceber maior sincronização, o que mostra uma melhora no ritmo e na compreensão do conteúdo da música.

Outro benefício claro que o trabalho com uma música como essa pode trazer é na questão pedagógica. O conteúdo trabalhado na nomeação das partes do corpo será

facilmente memorizado ao acrescentar o aprendizado dessa música. Após as crianças a ouvirem poucas vezes, já internalizarão o conteúdo das partes do corpo.

Ainda há mais uma vantagem em usar uma música como essa durante a aula. As crianças poderão adquirir maior autoconhecimento ao utilizar-se do seu corpo para fazer os movimentos. Como exemplo, para alcançar o pé, é preciso esticar o corpo inteiro para baixo.

Por fim, o último benefício relaciona-se à mudança de comportamento que as crianças podem apresentar após uma atividade rítmica como essa. Algumas turmas, especificamente, apresentam comportamento bastante agitado, ao menos em parte do dia. A utilização de atividades rítmicas pode auxiliar a direcionar a atenção de tais grupos. Após realizar essa tarefa, as crianças provavelmente estarão mais receptivas para uma atividade mais calma, como a leitura de um livro.

PARA SABER MAIS! A revista Nova Escola, *em sua* homepage, *disponibiliza um espaço onde é possível encontrar muitas sugestões de atividades para trabalhar o ritmo e a expressão, como danças, capoeira e circo. É possível encontrar, também, exemplos de atividades para serem aplicadas em escolas, sendo necessário providenciar apenas o material proposto. Basta acessar o site: <http://revistaescola.abril.com.br/fundamental-1/indice-fundamental-1.shtml?ensino-fundamental-1.educacao-fisica.atividades-ritmicas-e-expressivas>. Acesso em: 17 ago. 2015.*

5. Músicas folclóricas e juninas

O folclore brasileiro, apenas, diz respeito à cultura brasileira e, no mundo globalizado, as culturas podem perder a forma e se transformar em uma "colcha de retalhos", ou seja, ter a influência de outras culturas e não ter mais padrões definidos ou limites que as cerquem.

Podemos perceber como muitas pessoas já não ouvem com frequência músicas brasileiras, principalmente os jovens. Eles preferem se ater a músicas da moda, muitas vezes com influência norte-americana. Com o enorme crescimento de escolas bilíngues, as crianças que estudam o dia inteiro acabam não tendo muito contato com a cultura brasileira.

O folclore brasileiro tem uma enorme amplitude. Podemos considerar folclore as festas juninas, o Carnaval, as festas regionais, principalmente nas regiões Norte e Nordeste, além das cantigas de rodas e músicas para acalentar bebês.

Uma forma de preservar essa cultura do folclore brasileiro seria realmente recuperar essas cantigas de roda e, por meio do lúdico, levar para as crianças, não somente músicas das cantigas de roda, como também as brincadeiras que elas sugerem e as formas de brincar de antigamente.

Outro cuidado a ser tomado é quanto à preparação da criança com relação à competição. É relevante frisar que perder faz parte do competir e que se deve trabalhar a frustração da perda, que é uma habilidade muito importante para a vida adulta.

8. A arte como necessidade do ser humano

Nesta unidade procuramos discorrer sobre as diferentes formas de se trabalhar com as produções artísticas, como a música, o teatro, a dança, entre outras. Todas as formas de arte são igualmente importantes e carregam em si habilidades diferentes que se complementam.

Apesar das diferenças, todas elas se assemelham em relação ao caráter artístico, ou seja, com a expressão do interior da criança, o entrar em contato consigo mesma e por meio desse contato também se aproximar do outro.

A arte é uma necessidade do ser humano. Muitos não conseguem exercitá-la, mas, indubitavelmente, os que conseguem são pessoas mais próximas de si mesmas e mais holisticamente completas.

Glossário – Unidade 3

Complexidade – qualidade do que é complexo, difícil.

Confecção – conclusão de algo.

Controvérsia – debate, contestação.

Familiarizar – tornar familiar.

Infrequente – que ocorre com pouca frequência.

Reutilização – ato de usar novamente.

Tenro – recente; novo.

UNIDADE 4

TRABALHO DO PROFESSOR

1. Introdução

A arte não precisa ser um objeto, não precisa ser uma música e nem uma dança. Podemos reconhecer por arte tudo aquilo que diz respeito à **interpretação** da vida. A arte pode estar em um abraço, em uma paisagem, e até mesmo em uma conversa.

Mais do que objetos físicos ou mentais, a arte **designa** uma forma diferenciada de ver. Portanto, ela pode estar em qualquer lugar ou em qualquer coisa, pois não depende do objeto exterior, e sim dos sentimentos do artista. Não é necessário milhares de **apetrechos** nem instrumento algum, somente a **predisposição** do indivíduo para entrar em contato com a beleza de seu interior e, a partir disso, conseguir ver beleza nas coisas mais **singelas** e **corriqueiras** da vida.

Partindo dessa conceituação, questiona-se como o professor pode transmitir isso para os seus alunos, como instigar essa percepção do eu e do mundo de maneira diferenciada. É possível instruir alunos para esse fim? A resposta é sim. E a forma de fazê-lo está não somente em aulas planejadas, mas em todos os momentos do dia, pois a arte pode ter um planejamento e uma especificação **temporal**, mas não necessariamente precisa de tudo isso.

Somente uma conversa sobre a forma de ver o mundo, levando em consideração a beleza presente nos objetos, já é um chamado para a visão artística e um convite para entrar nesse mundo, definitivamente mais colorido e emocionante.

A arte também diz bastante sobre a cultura **preponderante**. Analisando uma rodução artística pode-se sugerir o local e o momento em que ela foi produzida.

2. Formação do educando em música, canto e dança

O ensino de artes foi legalmente reconhecido como disciplina obrigatória do currículo escolar, conforme prevê o artigo 26, parágrafo 2° da Lei de Diretrizes e Bases da Educação Nacional (Lei n. 9.394/96), transcrito abaixo:

> Artigo 26
>
> § 2° O ensino da arte, especialmente em suas expressões regionais, constituirá componente curricular obrigatório nos diversos níveis da educação básica, de forma a promover o desenvolvimento cultural dos alunos. (Redação dada pela Lei n° 12.287, de 2010)

A Lei de Diretrizes e Bases da Educação Nacional foi promulgada em 1996 e passou por algumas alterações ao longo dos anos, chegando à redação hoje existente.

PARA SABER MAIS! A Lei n. 9.394/96, que formata a educação básica, pode ser conhecida no site oficial do Planalto: <http://www.planalto.gov.br/ccivil_03/leis/l9394.htm > (acesso em: 18 ago. 2015). O estudo dessa legislação é de grande importância para todos os professores, independentemente da idade de seus alunos. Ela esclarece todas as obrigatoriedades das escolas e dos professores e abrange diversas áreas, desde modalidades de educação e ensino até as especificidades de cada etapa da educação, Educação Infantil, Ensino Fundamental I e II e Ensino Médio.

O Ministério da Educação e Cultura – MEC - elaborou os Parâmetros Curriculares Nacionais – PCN – de Arte (1997) e, onde se lê, já na seção introdutória:

> [...] Arte tem uma função tão importante quanto a dos outros conhecimentos no processo de ensino e aprendizagem. A área de Arte está relacionada com as demais áreas e tem suas especificidades.

Já com relação à formação dos professores, ainda não foi estabelecido um ordenamento que garanta a obrigatoriedade de uma formação específica na área.

Em 2000, o MEC elaborou a Proposta de Diretrizes para a Formação Inicial de Professores da Educação Básica em Cursos de Nível Superior e sugeriu uma reflexão com relação à formação docente de arte, como pode ser observado no texto inserido em tal proposta:

> Há ainda a necessidade de se discutir a formação de professores para algumas áreas de conhecimento desenvolvidas no ensino fundamental, como Ciências Naturais ou Artes, que pressupõem uma abordagem equilibrada e articulada de diferentes disciplinas (Biologia, Física, Química, Astronomia, Geologia etc., no caso de Ciências Naturais) e diferentes linguagens (da Música, da Dança, das Artes Visuais, do Teatro, no caso de Arte), que, atualmente, são **ministradas** por professores preparados para ensinar apenas uma dessas disciplinas ou linguagens. (BRASIL, 2000, p. 34).

A formação de professores de arte teve início com os avanços pedagógicos da Escola Nova no início do século XX. O pensamento do filósofo John Dewey e o movimento modernista influenciaram os modos de pensar, desenvolver e comunicar a arte na escola.

Augusto Rodrigues, Margaret Spencer e Lucia Valentim fundaram a Escolinha de Arte do Brasil, em 1948, que posteriormente mudou de nome para Movimento de Escolinhas de Arte – MEA. Esse movimento foi o responsável pela abertura de 140 escolas de arte espalhadas pelo Brasil e até por outros países, como Paraguai, Portugal e Argentina.

Desde então, outras iniciativas têm dado grande atenção ao ensino de arte no Brasil, seja por pesquisas científicas, seja por formação continuada, entre outros. Isso é bastante animador, por aumentar o número de profissionais da área artística, trazendo mais qualidade para o ensino de tão importante habilidade.

O professor que se dedica a ensinar artes em escolas deve saber que o trabalho com arte não está restrito ao desenvolvimento de atividade que libera a espontaneidade da criança ligada às suas emoções. Pelo contrário, o ensino de artes deve ter como enfoque a arte como construção do conhecimento, assim como é feito nas outras disciplinas. A introdução dos Parâmetros Curriculares Nacionais, como discorrido acima, **prediz** essa **equivalência** do ensino das artes com as outras disciplinas obrigatórias.

A aprendizagem de artes deve propiciar aos alunos os instrumentos para a produção artística, com diferentes estilos e diversos tipos de materiais, enriquecendo as experiências. Além disso, o aluno deve ser capaz de apreciar uma obra de arte e refletir sobre seu produto.

Para que seja capaz de apreciar uma obra de arte, os alunos devem ser introduzidos a diferentes momentos da arte no Brasil e no mundo, e internalizar as peculiaridades de cada momento, para então serem capazes de ler, com um olhar dirigido para as obras, e também produzir imagens de sua autoria, permitindo a experimentação do ser artista.

Quando se trata de estudar os momentos da arte, a impressão que fica é de que esse trabalho deve ser realizado com os alunos a partir do Ensino Fundamental, mas isso não é o correto. Desde a Educação Infantil os alunos são capazes de se expressar, apreciar e refletir sobre a arte.

Uma forma de fazê-lo seria realmente tratar o ensino de artes da mesma forma como são tratadas as outras disciplinas. É o caso da Educação Infantil, na qual o lúdico aparece com grande força na internalização de qualquer conceito.

No caso do ensino de artes, o mesmo acontece: a aprendizagem é beneficiada por atividades lúdicas. Como exemplo podemos citar histórias que envolvem a arte e até jogos e brincadeiras, como o jogo da memória, que pode ser elaborado em duplas, sendo foto do pintor e quadro respectivo.

Vale **ressaltar** que a forma lúdica de trabalho com a arte, principalmente os aspectos conceituais da mesma, pode e deve ser utilizada em todas as idades, não somente na Educação Infantil, visto que o lúdico desencadeia o processo criativo e mantém os níveis de atenção e concentração altos, por meio da motivação que essas atividades trazem.

PARA SABER MAIS! No endereço <http://www.gentequeeduca.org.br/planos-de-aula/criacao-com-desafio > (acesso em: 18 ago. 2015) é possível encontrar um tipo de atividade de criação com desafio, propondo a aprendizagem da arte por meio lúdico, desenvolvendo os sentidos. Essa atividade específica é destinada a alunos de Educação Infantil.

3. Benefícios do trabalho com a arte

A aprendizagem e o contato mais próximo com a arte permite aos alunos um encontro com sonhos, aventuras, medos e preocupações, os quais fazem parte da sua vida. Por meio da arte, as crianças têm a oportunidade de aprender a lidar com as emoções, trazendo uma formação sólida em um ambiente seguro, que é o da sala de aula.

Os professores de arte também têm a oportunidade de envolver a interpretação das culturas em suas aulas e, a partir daí, ensinar a lidar com as diferenças, presentes não somente nas variadas culturas, como também na sala de aula. Esse ensinamento é muito importante para a vida das crianças, e a partir dele pode-se pensar na possibilidade de transformação da sociedade como um todo, na qual muitos integrantes ainda mostram a intolerância à diferença, como algo a ser trabalhado urgentemente.

A arte também promove a experimentação e as vivências sensoriais, que são essenciais para o desenvolvimento de habilidades e competências diversas. Nesse processo significativo e construtivo, o aluno pode ampliar o seu conhecimento e interligar os conteúdos aprendidos com diferentes áreas de conhecimento.

4. O brincar e a arte como atividades simbólicas

Quando se trabalha com as artes plásticas, tendo as atividades lúdicas como intervenções pedagógicas, esse aprendizado se torna significativo. Tanto o brincar como a produção artística estão centrados na busca do criar e imaginar tanto o novo como o simbólico.

Portanto, utilizar as brincadeiras juntamente com as produções artísticas traz o símbolo e o significativo.

Podemos dizer que a arte designa um símbolo pelo simples fato de que é em si, bastante simbólica. Ao analisar uma produção artística, não vemos somente um símbolo, mas sim diversos. Esses símbolos que não são o significado em si, mas trazem em si muitas formas diferentes de interpretação.

O brincar também é bastante simbólico, pelo simples fato de que ao brincar a criança representa, portanto traz símbolos em cada atividade que executa. Quando uma criança brinca de mamãe e filhinha, ela está trazendo o símbolo da mãe. Ela não é a mãe, mas está representando esse papel.

Dessa forma, podemos afirmar com clareza que o brincar e a arte têm uma inquestionável riqueza simbólica.

5. Princípios que deverão nortear o trabalho do professor

A qualidade do trabalho do professor realmente fará a diferença tanto no desenvolvimento escolar quanto na vida das crianças.

Em poucos segundos, conseguimos nomear um professor que fez a diferença em nossas vidas. Vale refletir sobre quais características fizeram dele um bom professor. É a partir dessa reflexão que conseguiremos pensar em estratégias de ensino.

Pensaremos em princípios que deverão nortear o trabalho do professor por área de atuação, já que dessa forma podemos nos aprofundar nas especificidades de cada produção artística.

6. Música

Apesar de não ser obrigatória a formação específica na área, é recomendável que os professores que desejam trabalhar com o ensino de música na educação básica tenham formação específica na área, devido às peculiaridades do ensino dessa habilidade artística.

Como foi mencionado da unidade 3, o ensino de música deve ser acrescido de alguns conceitos básicos importantes para que os alunos possam apreender os conhecimentos necessários e, dessa forma, conseguir apreciar a música, refletindo sobre seus aspectos, como o ritmo, a melodia e a harmonia. O aluno também deverá ser capaz de identificar a altura, o timbre e a intensidade em uma música. Dessa forma, poderá analisar e criticar uma peça musical com propriedade, bem como refletir sobre a sua forma de cantar ou tocar um instrumento.

O professor de música deve ser capaz de instigar a curiosidade dos alunos com relação às músicas clássicas. Nesse estilo musical, os elementos e as propriedades da música são muito mais pronunciados e há uma riqueza de detalhe e arranjos. Dessa forma, ao aprender sobre os elementos da música, naturalmente o aluno se interessará pelos complexos arranjos musicais em composições clássicas.

7. Teatro

O teatro é uma produção artística muito relevante, pois por meio dele é possível praticar diversas habilidades que são importantes para a vida, como relacionar-se com o outro e estar no lugar do outro. Ao representar, os atores necessariamente fazem isso, tornando a arte de dramatizar uma importante ferramenta para o desenvolvimento das competências sociais.

Uma atividade teatral que pode exemplificar bastante e realmente ser uma prática interessante no trabalho escolar é o jogo psicodramático.

O jogo dramático tem como precursor o psiquiatra romeno Jacob Levy Moreno, que na investigação psicológica e social fez um estudo aprofundado do grupo e suas relações, analisando como acontecem as interações entre membros do grupo.

Nesses jogos, pode-se trabalhar o desenvolvimento do ser humano de forma integral, levando em consideração os relacionamentos interpessoais, a individualidade, o coletivo, a afetividade e a inteligência. O trabalho com jogos dramáticos se dá utilizando a criatividade, a dramatização e o lúdico no "aqui e agora". Em jogos psicodramáticos, o "aqui e agora" prevê que os participantes se libertem das dores do passado e das preocupações com o futuro e se entreguem ao momento presente.

Ao estar no "aqui e agora", os participantes podem realmente trazer à tona conteúdos internos a serem trabalhados no coletivo. Nos jogos psicodramáticos, a oportunidade de inverter completamente a posição inicial do sujeito em relação aos outros "atores" leva a uma profunda reflexão sobre os pensamentos e sentimentos que surgiram na interação que se deu.

ATENÇÃO! *Nessas atividades também se trabalham a aprendizagem e o posterior desenvolvimento ao vivenciar situações cotidianas, nas quais os participantes tenham a oportunidade de recriar um momento específico e, uma vez inserido, problematizar e repensar as questões, a partir do referencial dos outros envolvidos na "cena". O aspecto que enriquece as atividades dramáticas é que nelas aparecem os comportamentos reais dos seres humanos.*

Ao representar um papel, o participante pode reviver ou recriar uma situação já vivida para "testar" resoluções diferentes ou mesmo ver a situação de um ângulo diferente, fora de seu ponto de vista. Utilizando-se da espontaneidade, os participantes podem desempenhar papéis como se fosse a primeira vez que estivessem vivenciando por dado momento.

A brincadeira possibilita efetuar a maturação de rotinas modulares no sentido de sua integração aos programas de ações mais amplas. Parece servir igualmente como uma espécie de ensaio de rotinas. É importante a imitação de esquemas de adultos, mas não por intervenção direta. A influência indireta permite a observação, identificação e ação intencional da criança no sentido de repetir e de recriar, contribuindo para seu desenvolvimento. Oferecer oportunidades para visualizar diferentes formas de fazer estimula o surgimento de imitações e repetições de ações. Em situações de brincadeira, a criança desenvolve a intencionalidade e a inteligência.

No trabalho em sala de aula, os jogos dramáticos podem auxiliar na aquisição de conhecimento intuitivo para fixar o conhecimento, encontrar soluções criativas à problematização das disciplinas, integrar um grupo, elaborar mudanças e avaliar como o grupo está funcionando.

Pode-se utilizar do recurso para o trabalho didático, mas deve-se atentar para que o aluno já tenha tido contato com o conceito. Ao participar de uma atividade dramática, o aluno se colocará como integrante no conceito previsto. Ele poderá utilizar-se de seu senso crítico e de sua criatividade.

É importante enfatizar a necessidade de preparar o grupo para um jogo dramático e fazê-lo levando em consideração as características dos alunos, para que a atividade tenha uma boa repercussão.

Ao representar um papel, as crianças tendem a usar frases estereotipadas e não entram com espontaneidade, elas não conseguem se colocar no papel, somente repetem o que se entende como sendo esse papel, não colocam seus conteúdos espontâneos, o que de certa forma limita o trabalho em jogos dramáticos. É preciso praticar esse tipo de atividade para que, a partir de dado momento, as crianças consigam se colocar no papel com conteúdo próprio e espontâneo.

Algumas observações devem ser feitas pela peculiaridade dos jogos dramáticos. Indicaremos aspectos que podem facilitar o trabalho com esse eficaz método de ensino:

a) para iniciar o trabalho, o professor não deve escolher o método ou o conteúdo a ser utilizado – os próprios alunos devem se encarregar de tal tarefa;

b) locais pequenos podem ser mais aconchegantes para o início do trabalho, e a improvisação com os próprios móveis da sala de aula pode instigar a imaginação. Por exemplo, uma carteira pode virar uma montanha, a cadeira pode ser um cavalo arredio;

c) os alunos podem ser incentivados a participar, porém nunca obrigados. A atividade deve ter um clima descontraído;

d) o público pode participar, não existem regras rígidas com relação a esse aspecto. No caso, quanto menos rigidez a qualquer momento, maior será a disponibilidade para os alunos participarem; e

e) os professores devem persistir, pois no começo todos podem parecer pouco à vontade, mas, com a repetição, tanto os alunos como os professores tendem a se sentir mais confortáveis.

8. Dança

A dança, na educação básica, deve estar ligada ao estudo dos movimentos e da percepção corporal. Um trabalho aprofundado nessas questões auxiliará o desenvolvimento corporal dos alunos.

Vale ressaltar que, quando alguém tem mais conhecimento sobre seus movimentos e seu corpo, tem uma autoestima mais elevada. Porém, para que isso aconteça, o professor deve estar preparado para trabalhar com seus alunos, no sentido de que eles aceitem a forma com que seus movimentos se dão, independentemente da coordenação motora, pois, se esse trabalho não for feito adequadamente, os alunos poderão ter sua autoestima diminuída.

9. Artes visuais

O trabalho do professor de artes visuais deve abranger várias áreas de atuação em artes. É necessário trabalhar os conceitos de arte e seus momentos históricos, além de atuar na prática, permitindo que o aluno desenvolva suas competências artísticas e vivencie a experiência de fazer "arte".

Faz-se necessário tratar brevemente a história da arte. Portanto, iremos listar seus principais momentos:

I) Pré-história:
Naturalismo
Idade da Pedra Lascada
Idade da Pedra Polida
Idade dos Metais

II) Idade Antiga
Arte egípcia
Arte grega
Arte romana
Arte paleocristã
Arte bizantina

III) Idade Média:

Arte românica

Arte gótica

IV) Idade Moderna:

Renascimento

Barroco

Rococó

V) Idade Contemporânea:

Neoclassicismo

Romantismo

Realismo

Impressionismo

VI) Arte do século XXI:

Expressionismo

Fauvismo

Cubismo

Abstracionismo

Futurismo

Dadaísmo

Op Art

Pop Art

Para o professor que deseja se ocupar com o ensino de artes, faz-se necessário que domine o conteúdo de todos os momentos da arte, bem como as peculiaridades de cada um. Esse conhecimento trará maior propriedade do conteúdo de artes como um todo e, portanto, o professor terá melhores condições de instruir seus alunos a encontrar seus dons artísticos e potencialidades, além de conseguir elaborar conteúdos conflituosos por meio da arte.

É importante ressaltar que todos os professores de artes devem ter conhecimento sobre esses momentos importantes da história da arte. Até mesmo para os professores da Educação Infantil esse conhecimento é indispensável, pois irá fazer com que o educador entenda mais sobre a arte, habilidade essencial para o exercício de seu trabalho.

PARA SABER MAIS! No endereço: <http://educacao.uol.com.br/album/20090910-galeria-virutal-historia-arte_album.htm#fotoNav=8 > (acesso em: 18 ago. 2015), é possível visitar a uma galeria virtual, que apresenta obras de artistas famosos de diversos momentos importantes da história da arte. Esses exemplos de cada momento levarão a uma reflexão por meio das obras de arte.

10. O ambiente de trabalho

O ambiente de trabalho para o ensino de artes deve ser propício para cada modalidade artística. É extremamente importante que a aula seja ministrada em um local no qual as competências possam ser exploradas.

Para conseguir essa adequação é necessário que sejam levadas em consideração questões como evitar a exposição dos alunos, principalmente em aulas de dança ou teatro. Os alunos podem se sentir intimidados ao ter que fazer essa aula, por exemplo, em um local aberto, em que pessoas que não estejam participando da aula consigam observar.

Até mesmo em aulas de artes visuais é interessante que o aluno tenha um espaço adequado. Por permitir momentos de reflexões individuais e expressões de conteúdo interno, é importante que a aula seja ministrada em um ambiente acolhedor e que se respeite a privacidade de cada um.

Com relação à aula de dança, é essencial que seja realizada em um local no qual o som não se dissipe facilmente, preferivelmente em locais fechados, pois, se o aluno não conseguir ouvir a música, dificilmente conseguirá combinar o ritmo e sua coordenação motora com o som. O mesmo vale para as aulas de música: os alunos precisam ser capazes de ouvir o som que estão emitindo, seja pela voz ou por instrumentos.

Sabe-se que algumas vezes o espaço disponível não é o mais adequado para o trabalho, o que irá interferir na realização da aula. Porém, se a direção das escolas levar em consideração o que foi proposto pelo Ministério da Educação e Cultura, ou seja, que o ensino da arte é tão importante quanto o de qualquer outra disciplina, espera-se que encontrem um lugar adequado para tal atividade.

11. Formas alternativas para o trabalho com a criança

O ensino da arte tem uma vantagem perante as outras disciplinas. Ele permite uma maior flexibilização com relação ao *setting* destinado para a atividade. Dessa forma, existem diversas alternativas para o trabalho com a criança.

É possível empregar a arte em locais diferentes, usando o espaço como facilitador do processo de ensino-aprendizagem. Como exemplo, pode-se fazer do pátio um local para a exposição de arte feita pelos alunos.

Outra alternativa seria usar o cenário usual da escola como objeto de contemplação e, partindo dessa análise, cada aluno poderia retratar a escola da sua maneira, utilizando diversos materiais.

A arte pode ser explorada até mesmo em uma aula de culinária. Um *workshop* de biscoitos confeitados ou bolos decorados é uma outra maneira de trabalhar a expressão artística, que também seria agradável para muitos alunos.

Concursos de artes também podem motivar os alunos a se interessar pelo conteúdo proposto. A união entre habilidades artísticas e ensino da história da arte pode ser interessante. Como exemplo, o professor pode propor um concurso em que o objetivo seja retratar um período da história da arte específico.

As crianças e adolescentes normalmente se sentem animados somente de sair do ambiente usual; qualquer mudança na rotina já traz uma motivação diferente para a aula. O professor deve utilizar essa flexibilidade da exploração artística para estimular sua própria criatividade, e assim trabalhar formas alternativas.

12. Considerações finais

Aqui termina a última unidade da disciplina Artes, educação e música. Durante as unidades anteriores, discorremos sobre o desenvolvimento do desenho da criança, as diferentes formas de produções artísticas, a musicalidade e, por fim, o trabalho do professor.

Nesta unidade final, tratamos de como o ensino da arte é considerado pela legislação e pelos órgãos responsáveis pela educação do Brasil. Também trabalhamos as especificidades dos professores de cada modalidade de arte.

Ressaltamos a importância que as aulas de arte possuem e, portanto, é essencial que o professor esteja preparado para ministrar tais aulas com um conhecimento aprofundado sobre as competências necessárias para cada tipo de arte.

Glossário – Unidade 4

Apetrechos – objetos específicos.

Corriqueiro – que se refere ao cotidiano.

Designa – aponta; mostra.

Equivalência – igualdade.

Interpretação – explicação.

Ministrado – ensinado, lecionado.

Predisposição – inclinação para algo, aptidão, habilidade.

Prediz – diz antes.

Preponderante – dominante, que tem mais importância.

Ressaltar – enfatizar, tornar mais evidente.

Singelo – simples, puro.

Temporal – que diz respeito ao tempo.

Referências

ALEXANDROFF, Marlene Coelho. (2010). *Os caminhos paralelos do desenvolvimento do desenho e da escrita*. Construção Psicopedagógica, São Paulo, v. 18 n. 17, des. 2010.

BARBOSA, Ana Mae Tavares Bastos. *Arte-educação no Brasil: das origens ao modernismo*. Editora Perspectiva, 1978.

BARBOSA, Joel Luis. *Considerando a viabilidade de inserir música instrumental no ensino de primeiro grau*. Revista da ABEM, v. 3, n. 3, 2014.

BENJAMIM, Walter. *Magia e técnica, arte e política: ensaios sobre literatura e história da cultura*. São Paulo: Brasiliense, 1994.

BRASIL, Lei Darcy Ribeiro (1996). LDB: Diretrizes e Bases da Educação Nacional: Lei 9394, de 1996 que estabelece as diretrizes e bases da educação nacional; e legislação correlata. 2. Ed. – Brasília: Câmara dos Deputados. Coordenação de Publicações, 2001.

BRASIL, MINISTÉRIO DA EDUCAÇÃO – Proposta de diretrizes para a formação de professores da Educação Básica em Nível Superior. Brasília, maio de 2000.

BRASIL, SECRETARIA DA EDUCAÇÃO FUNDAMENTAL. Parâmetros Curriculares Nacionais: Arte. – Brasília: MEC/SEF, 1997.

DIAS, Victor R. C. Silva. *Psicodrama – Teoria e Prática*. Editora Agora, 1987.

ETZEL, Eduardo. *Divino: simbolismo no folclore e na arte popular*. Editora Giordano, 1995.

FONSECA, Cristiane Costa. *Esquema corporal, imagem corporal e Aspectos Motivacionais na Dança de Salão*. São Paulo: Mestrado da Universidade São Judas Tadeu. 2008.

Homepage da Educação da Uol, disponível em: <http://educacao.uol.com.br/album/20090910-galeria-virutal-historia-arte_album.htm#fotoNav=8>. Acesso em: 6 jun. 2015.

Homepage do Cifra Club, disponível em: <http://www.cifraclub.com.br/contrib/tutoriais/campo_harmonico_da_escala_maior_natural.pdf>. Acesso em: 3 jun. 2015.

Homepage do Gente que Educa, disponível em: <http://www.gentequeeduca.org.br/planos-de-aula/criacao-com-desafio>. Acesso em: 5 jun. 2015.

Homepage oficial da Casa Civil da Presidência da República, disponível em: <http://www.planalto.gov.br/ccivil_03/leis/l9394.htm>. Acesso em: 10 jun. 2015.

Homepage oficial da Federação Brasileira de Psicodrama, disponível em: <http://www.febrap.org.br/psicodrama/Default.aspx?idm=20>. Acesso em: 10 jun. 2015.

Homepage oficial da Revista Escola, disponível em: <http://revistaescola.abril.com.br/fundamental-1/indice-fundamental-1.shtml?ensino-fundamental-1.educacao-fisica.atividades-ritmicas-e-expressivas>. Acesso em: 28 abr. 2015.

Homepage oficial da revista Escola, disponível em: <http://revistaescola.abril.com.br/educacao-infantil/4-a-6-anos/danca-criativa-422886.shtml>. Acesso em: 3 jun. 2015.

Homepage oficial da Uol, disponível em: <http://mulher.uol.com.br/gravidez-e-filhos/album/2014/01/24/faca-com-seu-filho-um-instrumento-musical-de-sucata.htm>. Acesso em: 3 jun. 2015.

Homepage oficial do Cifra Club, disponível em: <http://forum.cifraclub.com.br/forum/1/184317/> Acesso em: 30 mai. 2015.

Homepage oficial do Educar para Crescer, disponível em: <http://educarparacrescer.abril.com.br/aprendizagem/9-motivos-seu-filho-aprender-dancar-635350.shtml> Acesso em: 30 mai. 2015.

LOUREIRO, Alicia Maria Almeida. *Ensino de Música Na Escola Fundamental*. 1ª ed. Papirus Editora, 2007.

LOWENFELD, V. BRITTAIN, W. L. *Desenvolvimento da capacidade criadora*. São Paulo. Mestre, Jou, 1977.

LUQUET, G. H. *O desenho infantil*. Porto: Editora do Minho,1969.

MEGALE, Nilza Botelho. *Folclore brasileiro*. Editora Vozes, 1999.

PIAGET, Jean. *A formação dos símbolos na criança*. PUF, 1948.

ROSA, Maria Inês. *Esquema corporal: Conceito, importância, formação, distúrbios e tratamentos*. Londrina: Semina: Ciências Biológicas e da Saúde. 1991.

SANTOS, J. T. dos, J. A. LUCAREVSKI, and R. M. da SILVA. *Dança na Escola: benefícios e contribuições na fase pré-escolar*. 2005.

TURCHI, Maria Zaira. *O estatuto da arte na literatura infantil e juvenil. Literatura infantojuvenil: leituras críticas*. Goiânia: UFG, p. 23-31, 2002.

Mayra Mika Takatsu

Possui graduação em Psicologia pela Pontifícia Universidade Católica de São Paulo (2006). Atualmente é Professora do Ensino Fundamental I da Maple Bear Canadian School e coordenação pedagógica da Maple Bear Canadian School. Tem experiência na área de Educação e atua, principalmente, nos temas bilinguismo, controle inibitório e flexibilidade cognitiva.

Impresso por

META

www.metabrasil.com.br

AMERICAN BIG PICTURE

B2 [UPPER INTERMEDIATE] Split Edition b

Student's Book / Workbook

SIMON BREWSTER ■ ALASTAIR LANE

Series editor: BEN GOLDSTEIN

Richmond

www.americanbigpicture.net

Richmond

58 St Aldates
Oxford
OX1 1ST
United Kingdom

Printed in Mexico

ISBN: **978-607-06-0760-8**

First edition: October 2012

Publisher: Deborah Tricker
Managing Editor: Mary Todd
Editors: Eleanor Clements, Kate Chomacki
Proofreader: Anna Gunn

Cover Design: Pentacor Book Design
Design & Layout: Lorna Heaslip
Picture Editors: Magdalena Mayo and Helen Reilly/Arnos Design Ltd
Art Coordinator: Lorna Heaslip
Illustrators: Francis Blake c/o Three-in-a-Box Ltd., Roger Harris c/o NB Illustration, Sally Newton, Myles Talbot

We would like to thank the following reviewers for their valuable feedback which has made *American Big Picture* possible. We extend our thanks to the many teachers and students not mentioned here.

(Argentina): Cecilia Chiacchio, Ingrid Suhring; (Brazil): Ana Falcao, Virginia Garcia, Patricia McKay, Cynthia Phillipps, Bia Sousa; (Colombia): Kathleen Canal; (Italy): Morgan Cox, Karen Geiger, Sarah Stats; (Mexico): Emma Dominguez, Melissa Ferrin, Lupita Neve, Coral Ibarra Yunez; (Poland): Malgosia Adams, Marta Rosinska; (Spain): Vicki Anderson, Juan Carlos Araujo, Karen Dyer, Gabby Maguire, Fiona McClelland, Karin Rickatson, Almudena Verdugo Valcarce, Andy Walsh; (UK): Cathy Ellis, Howard Smith, Jonathan Stoddart

Photos:
Antiquities of the Prize Ring; Apple.com; Arnos Design Ltd; Jon Ayres; BBC; Bridgeman Art Library; China Photo Press; www.doggiefountain.com; Dyson; J. M.ª Escudero; Eyevine; Fairfax; Flickr/yeric; Ceri Jones; Kenwood; Masterfile; MEPL; Nigel's Eco Store; Nokia E7; S. Padura; Leslie Sturges; Scentsciences.com; Tengu; ThinkGeek.com; Vision Fine Art Gallery; Wales News Service; Wikipedia.

A. G. E. FOTOSTOCK; ALAMY/Imagebroker, Gary Roebuck, Spencer Grant, Ace Stock Ltd, Image Source, Netphoto, Digitallife, NetPics, David Bleeker Photography.com, Homer W Sykes, GOGO Images Agency, Robert Fried, Paul Ridsdale, Vario Images Gmbh & Co.KG, Apply Pictures, Keith Morris, The Photolibrary Wales, db images, PNC Photography, Melba Photo Agency, Galit Seligmann, Rubberball, AF Archive, MBI, allesaltag, Catchlight Visual Services, indiascapes, Greenshoots Communications, Agestock USA, Nigel Cattlin, Ragnar Sigurdsson, RIA Novosti, Pictorial Press, Moviestore Collection, Moreleaze Travel Spain, Thomas Cockrem, DW Images Scotland, David Crockett Photography, Julian Marshall, Stocksearch, Peter Widman, Alistair Scott, WoodyStock, James Caldwell, Andrea Magugliani, Francis Roberts, Larry Lilac, Squint, Patrick Eden, Peter Jordan, Paul Bradbury, Janine Wiedel, Foodfolio, Rafael Ben-Ari, Bill Bachmann, Alex Sagre, Yadid Levy; CORDON PRESS/Corbis; CORBIS/Yi lu , Langevin/Sygma, Mika, Heide Benser, Gabe Palmer, The Food Passionates, Blend Images, Alan Copson, Bloimage, Kazushige Takashima, MM productions, Rachel Frank; DIGITALVISION; FOTOLIA/Photogersen, Ye Lien, Corepics, Suprijono Suharjoto; GETTY IMAGES/Steve Wisbauer, SNS Group, Adrian Weinbrecht, Arabian Eye Collection, Blend Images, John Lund/Marc Romanelli, Nancy Honey Collection, Ultra F Collection/Photodisc, Stone, Science Photo Library, Smith Collection, Comstock Collection, AFP, Amos Nachoum Barcroft USA, Samuel D. Barricklow Collection, Wireimage, NY Daily News, Islamic School, Mike Brinson Collection, Insy Shah, James L Stanfield/National Geographic, Stefano Opo/Photodisc, Sue Flood, Dorota/Bogdan Bialy, Carlos Davila, Michael Powell, AP, Digital Vision, Carl Court, Neil Emmerson, Lonely Planet Images, Paulo Fridman, Mark Serota, Stringer, Andrew Wong, DreamPictures, The Image Bank, Peter Dazeley, Peter Cade/Ionica, Jason Reed, Fuse, Image Source, Taxi, Jack Hollingsworth, Lu Beziat, Lifesize, Amana Images, Tom Craig, Amanda Voisard; GETTY IMAGES SALES SPAIN/Thinkstock, Photos.com Plus; ISTOCKPHOTO/Yury Kuzmin Lliangpv, Bjarki Reyr, Yes./Nuit, Wael Hamdan; ISTOCKPHOTO/Getty Images Sales Spain; MATTON-BILD; NATUREPL/Steven David Miller, Andrew Parkinson; PA PHOTOS/Kimimasa Mayama, Joerg Carstensen, Peter Morrison, Kyoto News, Paul Sakuma; PHOTOS.COM/Elena Elisseeva, Jupiter Images, Milos Luzanin, David Simandl, Michelle Malven, Kevin Russ, Thinkstock, Comstock, Viktor Fischer, Dan Jordan, George Doyle, Claudiu Badea, Kai Chiang, Alexander Raths, Luoman, gioadventures, Pixland, Kenneth O Quinn, Stewart Cook, Fabian Brunsing, Keystone USA-ZUMA, Alex Segre, Ray Tang; SERIDEC PHOTOIMAGENES CD; THE PICTUREDESK/Studio Canal, Warner Bros/Andrew Cooper; SHUTTERSTOCK/Corepics, Fotofactory; THINKSTOCK/Hemera, Istockphoto, Photodisc, Stockbyte, Getty Images, Digital Vision, Creatas; ARCHIVO SANTILLANA
© THINKSTOCK: Jupiterimages p. 94 (photos.com)

Cover Photo:
Big Apple at sunset, Fotolia © dell #9950038

The Publisher has made every effort to trace the owner of copyright material; however, the Publisher will correct any involuntary omission at the earliest opportunity.

This book was printed in los talleres de Editorial Impresora Apolo, S.A. de C.V.
Centeno 150-6, Col. Granjas Esmeralda,C.P. 09810, México, D.F.
in december 2012

SOCIETY AND YOU

1 Work in pairs. Look at the images and answer the questions.

- What rules about dress codes do the signs in a and b show?
- In what situations would you follow these dress codes?

2 a 7.1 Listen to three people talking about dress codes. Match speakers 1–3 to images a–c.

b How did the speakers feel in each situation?

3 a Answer the questions.

Who...

1 wasn't in a different country?
2 obeyed the local rules?
3 felt he/she had been given bad advice?

b Do you have any similar rules in your country? In what situations do they apply?

4 Work in pairs. Complete A and B in the KEY VOCABULARY PANEL.

5 a Choose an adjective from A or B in the KEY VOCABULARY PANEL to describe behaviors 1–6. More than one answer may be correct.

1 stealing money from the collection tray in church
2 showing a violent movie to a class of 11-year-olds
3 talking in class at the same time as the teacher
4 being someone people can always depend on
5 insisting that a friend of yours go on vacation with you and your boyfriend/girlfriend
6 forgetting to lock the front door at night

b Which adjectives could you use to describe the people in the audio and their attitudes toward dress codes?

6 Work in groups. Read the text and discuss the questions.

> In 2010, the Swiss bank UBS sent a 44-page dress code to its employees. The document told employees what to wear when doing business; it even included rules for underwear.

- Why do you think UBS did this?
- Do you think it was a good idea? Why/Why not?
- How do you think UBS employees felt when they received this document?
- Does your workplace/college have a dress code? What does it include? Do you agree with it?

Key Vocabulary

Rules & behavior

A Prefixes

- Use the prefixes in the box to make words 1–10 negative.

dis- il- im- in- ir- un-

1	*un* acceptable	6	........reasonable
2	........appropriate	7	........accurate
3	........honest	8	........respectful
4	........moral	9	........legal
5	........responsible	10	........polite

- Check your answers in Transcript 7.1 on page 165. Can you think of any more words with these prefixes?

B Suffixes

- Match suffixes 1–5 to meanings a–e.

1 ....-able/-ible	flexible ....
2 ....-ish	childish ....
3 ....-less	useless ....
4 ....-ful	helpful ....
5 ....-worthy	trustworthy ....

a like/similar to this
b deserving this thing
c full of/very
d can do this
e without

- Use suffixes 1–5 to make adjective forms of the words in the box. Are the adjectives positive or negative? Write them in the chart above.

rely note fool care (x2)

- Check your answers in Transcript 7.1 on page 165. Which word has a spelling change?

It's a Free Country...

- Practice past modals: *should have/could have*
- Talk about unusual rules

a

b

c

Search:

Post • Messages • Status • Photos • Videos • Links

Xi-feng, China

I was in Yantei Park recently and finally found a free bench to sit down on. Suddenly I heard a very strange sound and felt spikes shooting into my pants. I jumped off the bench and looked down in horror at rows of metal spikes. It turns out that the bench was originally designed as an art exhibit by a German sculptor, but the park authorities in Yantei adapted the idea for its benches! I now know that **I should have put money in a meter** to operate the bench. When your money runs out, an alarm sounds and the spikes return. They're harmless but very uncomfortable to sit on. The authorities introduced the idea because the park suffers from severe overcrowding on weekends when everyone escapes the busy cities. This idea helps share facilities more fairly and prevents people grabbing a bench and staying there all day. This is the most bizarre way I've ever heard of for controlling behavior! Has anyone out there heard of anything similar?

☑ Like | Post a comment

Showing first 10 comments | View all comments | Go to latest comments

Joo-eun, Seoul

Here in South Korea—and in Japan, too—it's a legal requirement that every cell phone make a distinctive noise when taking a picture. The noise is a warning to prevent people from being photographed in inappropriate situations. I was in New York last year when the wind blew my skirt up. A complete stranger took a photo with his phone, and it probably ended up on the Internet! **He couldn't have done this in South Korea**. I think more countries should adopt this law.

comment #1 posted 20:49

Reading

1 a Work in pairs. Look at the images and discuss the questions.

- Where do you think the photos were taken?
- What rules do you think people have to follow in each photo?

b Read the online forum. Check your answers in 1a.

2 a Work in pairs. What is the significance of 1–4 in the forum?

1 an art exhibit
2 a stranger
3 a short-term parking zone
4 dirty puddles

b Read the online forum again and check.

3 Match the people to questions 1–5: Xi-feng (X), Joo-eun (J), Charles (C) or Elvira (E). More than one answer may be correct.

Who...

1 approves of the rule/law?
2 doesn't approve of the rule/law?
3 had a lucky escape?
4 was alerted to a problem by a noise?
5 had a problem because there wasn't a noise?

4 Work in groups. Answer the questions.

1 What is your opinion of the rules discussed in the forum?
2 Which is the strangest?
3 What kinds of rules are there in public spaces in your country? Do you think they're good ones?

Showing first 10 comments | View all comments

Charles, Senegal

I'm taking a language course in the UK, and I came across this sign at a train station. The idea is to prevent long, romantic farewells in front of the station because apparently they cause traffic jams and delays. If couples want to kiss good-bye, they have to go to the designated "Kissing Zone" in the short-term parking area, where they can stay for up to 20 minutes! Some people think **they shouldn't have put the sign up,** but I think it's romantic and kind of fun.

comment #2 posted 20:53

Elvira, Moscow

If there's one place you're likely to be stopped by the police, it's behind the wheel of a car. Here in Moscow, this is even more likely now that it's illegal to drive a dirty car! Unfortunately, there are no clear specifications to explain how dirty is "dirty." Recently I was stopped by the police. I hadn't washed my car for three months, but they just gave me a warning. **They could have fined me up to $100!** This law is completely insane! So watch out for muddy puddles if you're driving in Moscow.

comment #3 posted 21:04

Grammar

1 Read the phrases in bold in the online forum and answer the questions.

1 Do the sentences talk about a) the present, b) the past, c) the future?
2 Did the police fine Elvira? Was it a possibility?
3 Did Xi-feng put money in the meter?
4 Did they put the sign up at the station? Do some people think it was the wrong thing to do?
5 Did someone take an inappropriate photo of Joo-eun in New York? Would this be possible in South Korea?

2 Choose the correct option or complete 1–5 in the GRAMMAR PANEL.

3 Complete conversations 1–4 with a form of *should/could have* and an appropriate verb.

1 A We finally took the ferry to Venice.
B You .... the train, too. That was another possibility.

2 A Oh no, it's raining! We're going to get wet.
B I told you we .... an umbrella. You never listen!

2 A My leg hurts. I think I've pulled a muscle.
B You .... so long in the gym. It's not good for you.

4 A She never took a driving test; she just bought a license!
B She .... that in my country. It's illegal!

4 **a** Think of something in the last year that you...

1 shouldn't have done.
2 didn't do, but should have.
3 could have done, but decided not to.
4 couldn't have done in different circumstances.

b Work in pairs. Compare your answers. Ask follow-up questions to find out more information.

Past Modals: *Should Have/Could Have*

We use *should* + *have* + past participle to express regret or [(1)] *praise / criticize* a past action:

I should [(2)] .... *visited my grandmother yesterday.* (= I didn't do it, but it was the right thing to do)

I [(3)] .... *have left my job.* (= I did it, but it was the wrong thing to do)

We use *could* + *have* + past participle to talk about... [(4)] *possibility / obligation* in the past:

We could have gone to Dubai, but we went to Florida instead. (= we had the possibility, but we didn't do it)

We couldn't have [(5)] .... *to Florida without my raise.* (= we did it, but it was only possible because of my raise)

See page 146 for grammar reference and more practice.

Speaking

1 Work in groups. Think of a time when you or someone you know broke a rule. Discuss the questions.

- What rule did the person break? Why?
- Is it a rule that often gets broken in your country?
- Do you think the person should have broken the rule? Why/Why not?
- What finally happened?